Ist die ganze Welt bald pleite?

AF900570

Kapital & Krise 2

Über die Autoren:

Stephan Kaufmann, Jahrgang 1965, studierte Wirtschaftswissenschaften in Berlin und Paris. Seit fast 20 Jahren arbeitet er als Wirtschaftsredakteur für verschiedene Tageszeitungen, unter anderem für die *Berliner Zeitung* und die *Frankfurter Rundschau*.

Ingo Stützle, Jahrgang 1976, ist Politikwissenschaftler und Redakteur bei der Monatszeitung *ak – analyse & kritik* sowie der Zeitschrift für kritische Sozialwissenschaft *PROKLA*. 2013 erschien von ihm das Buch »Austerität als politisches Projekt. Von der monetären Integration Europas zur Eurokrise« (2. Aufl. 2014).

Gemeinsam verfasst haben sie das Buch »Kapitalismus: Die ersten 200 Jahre – Thomas Pikettys ›Das Kapital im 21. Jahrhundert‹ – Einführung, Debatte, Kritik« (4. Aufl. 2015)

Stephan Kaufmann / Ingo Stützle

Ist die ganze Welt bald pleite?

Populäre Irrtümer über Schulden

BERTZ + FISCHER

Bibliografische Information der Deutschen Nationalbibliothek: Die Deutsche Nationalbibliothek verzeichnet diese Publikation in der Deutschen Nationalbibliografie; detaillierte bibliografische Daten sind im Internet über http://dnb.dnb.de abrufbar.

Umschlag: D. B. Berlin

Der vorliegende Band basiert auf der 2013 erschienenen Broschüre *Ist die ganze Welt bald pleite? Staatsverschuldung: Was sie ist und wie sie funktioniert* (luxemburg argumente Nr. 1, herausgegeben von der Rosa-Luxemburg-Stiftung: http://www.rosalux.de/argumente-ganze-welt-pleite). Das Manuskript wurde für die Buchveröffentlichung aktualisiert, überarbeitet und erweitert. Verlag und Autoren danken der RLS, insbesondere Sabine Nuss und Stefan Thimmel.

Zweite, durchgesehene Auflage

Wrangelstr. 67, 10997 Berlin
Printed in Poland
ISBN 978-3-86505-751-8

Inhalt

Einleitung 7

1. Die schwäbische Hausfrau als Vorbild: »Man kann nicht mehr ausgeben, als man einnimmt« 11

2. »Die Enkel müssen unsere Schulden zurückzahlen« 16

3. »Wir haben alle über unsere Verhältnisse gelebt« 22

4. »Die Finanzkrise ab 2008 war eine Folge übermäßiger Schulden bei den privaten Haushalten in den USA« 29

5. »Politiker verschwenden Geld – es ist ja auch nicht ihres« 32

6. »Wir müssen sparen!« 38

7. »Wir sind pleite!« 46

8. »Die Finanzmärkte zähmen die Politik« 53

9. »Soll man die Schulden doch einfach streichen!« 61

10. »Wir brauchen strengere Regeln« 65

11. Fazit: »Sind Staatsschulden nun gut oder schlecht?« 69

Glossar 81

Einleitung

In den 1990er Jahren war es die »Globalisierung«, heute gilt die »Staatsverschuldung« als eines der zentralen Probleme der Weltwirtschaft. Der Grund liegt in den Folgen der Weltfinanz- und -wirtschaftskrise ab 2008. Erstmals seit dem Zweiten Weltkrieg sind es nicht die sogenannten Entwicklungsländer, die eine Schuldenkrise erleben, sondern die etablierten Industriestaaten. In Europa sind einige Regierungen zahlungsunfähig geworden und müssen von anderen Staaten finanziert werden. In den USA wachsen die Staatsschulden in Höhen, die sonst nur nach Kriegen erreicht wurden. Das »Wachstum auf Pump« müsse nun ein Ende haben, forderte Bundeskanzlerin Angela Merkel (*Die Zeit*, 10.5.2012). Die Bundesregierung verweist stolz auf ihre »schwarze Null« im Haushalt, also auf die Tatsache, dass sie keine neuen Schulden mehr macht. »Das Ziel eines ausgeglichenen Haushalts darf nicht gefährdet werden«, sagte Finanzminister Wolfgang Schäuble im Oktober 2014 (AFP, 10.10.2014).

Dabei ist das Schuldenproblem nicht auf Staaten begrenzt – auch Unternehmen und private Haushalte nehmen immer mehr Kredit. Laut einer Studie von McKinsey von Anfang 2015 standen Regierungen,

Unternehmen und Haushalte im Jahr 2000 mit 87 Billionen Dollar in der Kreide, 2014 waren es fast 200 Billionen. Allein in den sechs Jahren seit Beginn der Finanzkrise 2008 stieg die Verschuldung um fast 60 Billionen Dollar. Die globale Schuldenlast wächst auch im Verhältnis zur Wirtschaftsleistung: Derzeit liegt sie bei fast 290 Prozent des Bruttoinlandsprodukts, vor 15 Jahren waren es nur rund 250 Prozent. »Geht bald die ganze Welt pleite?«, fragte die *Bild*-Zeitung (13.7.2011), und der *Spiegel* (32/2011) titelte »Geht die Welt bankrott?«. Die Buchläden sind gefüllt mit Titeln zum Thema – von *Schulden ohne Sühne?* bis *Der große Schulden-Bumerang*. Das Buch des Anthropologen David Graeber *Schulden: Die ersten 5000 Jahre* war ein Bestseller.

In der öffentlichen Diskussion scheinen zwei Dinge klar: Schulden sind vor allem schlecht. Und sie sind zu viel. »Sparen« ist daher das Gebot der Stunde, insbesondere in Europa, wo sich die Regierungen per Fiskalpakt zu Sparsamkeit verpflichtet haben. Die Staaten wollen »schlanker« werden. Öffentliches Eigentum wird privatisiert, das nationale Lohnniveau soll sinken, um die »Wettbewerbsfähigkeit« des Standortes zu erhöhen. Ziel ist die »Schuldentragfähigkeit« – also die Fähigkeit, Zinsen und Rückzahlungen leisten zu können. Die Staats-

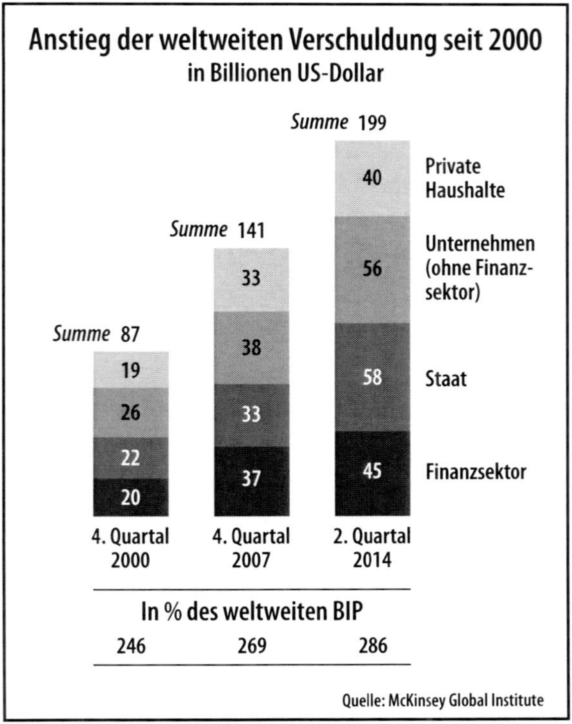

verschuldung zeitigt damit die gleichen politischen Maßnahmen wie das Schreckgespenst »Globalisierung« im Jahrzehnt zuvor.

Die Regierungen der Industrieländer haben sich vorgenommen, härter zu sparen. Dies trifft vor allem die Armen in Form von Sozialkürzungen – in allen Ländern. Warum ist das eigentlich so? Wo kommen überhaupt die ganzen Schulden her? Warum machen alle Staaten Schulden – obwohl sie allgemein als Übel gelten? Und warum streicht man die Schulden nicht, wenn schon die ganze Welt unter ihnen leidet? Dies sind einige Fragen, die dieses Buch beantworten will. Es will nicht behaupten, Schulden seien eigentlich kein Problem. Sondern es will zeigen, welchem Zweck Staatsschulden dienen, wann sie zu einem Problem werden – und für wen. Denn am Ende sind Schuldenfragen immer Verteilungsfragen: Einige müssen zahlen, andere dürfen verdienen. Denn die Schulden der einen sind immer das Vermögen der anderen – der Gläubiger. Und diese Vermögen sind in der Bevölkerung sehr ungleich verteilt.

1. Die schwäbische Hausfrau als Vorbild: »Man kann nicht mehr ausgeben, als man einnimmt«

Auf dem CDU-Parteitag im Dezember 2008 in Stuttgart strengte Bundeskanzlerin Angela Merkel das Bild vom sparsamen Schwaben als Vorbild für staatliches Wirtschaften an: »Man hätte hier in Stuttgart, in Baden-Württemberg einfach nur eine schwäbische Hausfrau fragen sollen. Sie hätte uns eine ebenso kurze wie richtige Lebensweisheit gesagt, die da lautet: ›Man kann nicht auf Dauer über seine Verhältnisse leben‹.« So einfach, so scheinbar wahr.

Was ist dran?

Der Vergleich von Staat- und Privathaushalt ist bei Politikern beliebt, wenn es ihnen darum geht, der Bevölkerung die Nöte des Staates zu erklären. Doch der Vergleich mit der schwäbischen Hausfrau hinkt. Ein Staatshaushalt funktioniert nach anderen Regeln als ein Privathaushalt. Wenn ein privater Haushalt einen Konsumentenkredit nimmt, um sich beispielsweise eine Schrankwand zu kaufen, so handelt es sich um einen Akt des vorgezogenen Sparens: Der Haushalt spart nicht erst das Geld für das Möbel an und kauft es dann, sondern er nimmt einen Kredit auf, kauft die Schrankwand und zahlt dann den Kredit an die Bank zurück – inklusive Zinsen. Der Kredit macht den Haushalt also ärmer (denn er zahlt den Kaufpreis der Schrankwand + Zins an die Bank).

Ganz anders liegt der Fall bei Unternehmen. Sie nehmen Kredit, um ihren Betriebszweck zu erfüllen. Und der heißt Gewinn. Der Kredit hilft ihnen dabei in mehrfacher Hinsicht:

- Ein Unternehmen investiert, produziert und verkauft die Ware mit Gewinn. Zwischen der Ausgabe (Investition) und dem Rückfluss des Geldes beim Verkauf liegt eine Zeitspanne, in der das Geld noch nicht da ist. Je länger diese Zeitspanne ist, umso mehr Geld braucht das Unternehmen, um in der Zwischenzeit seine Geschäfte fortzuführen, Rechnungen zu begleichen etc. Im Ernstfall droht sogar die Pleite, wenn die Kasse sich nicht füllt, weil der Verkauf gerade stockt. Um diese Lücke zu schließen und sein Geschäft kontinuierlich fortzuführen, nimmt das Unternehmen Kredite auf. Das heißt, es leiht sich Fremdkapital, macht Schulden.
- Ein Unternehmen will Gewinn erzielen. Das wollen die Konkurrenten aber auch. Um in der Konkurrenz zu bestehen oder den Konkurren-

ten voraus zu sein, weiten Unternehmen ihre Geschäfte aus: Sie bauen in fernen Billiglohnländern Fabriken, errichten Vertriebsstationen in aller Welt oder kaufen sich die neuesten Maschinen, um die Produktion zu verbilligen oder neue Produkte auf den Markt zu bringen. Dafür brauchen sie zusätzliches Kapital – unter Umständen mehr Kapital, als sie durch den Verkauf produzierter Ware eingenommen haben. Also nehmen sie Kredit. Sie machen Schulden, um im Vorgriff auf künftig zu verkaufende Waren schon heute investieren zu können.

Geht die Rechnung auf, so wird das Unternehmen durch den Kredit reicher – und nicht ärmer, so wie ein Privathaushalt mit einem Auto-Kredit. Bei dem steht nach dem Kauf zwar ein neues Gefährt in der Garage, aber dieses hat den Käufer nur ärmer gemacht (Kaufpreis plus Zinsen) und dient allein dem Privatvergnügen und Prestige, bringt aber kein Geld ein.

Und der Staat? In Sachen Schulden ähnelt er eher dem Unternehmen als dem schwäbischen Privathaushalt. Mit den geliehenen Summen baut er Straßen, Schulen, Telekommunikationswege. Er verbessert so die Standortbedingungen für Unternehmen und versucht, Investitionen anzuziehen und rentabel zu machen. Die Aufnahme von Schulden ist für den Staat ein Mittel, um das Wirtschaftswachstum anzukurbeln.[1] Der Staat vergibt beispielsweise Subventionen für junge »Wachstumsindustrien« und sichert per Militärausgaben die globalen Geschäfte seiner Unternehmen. Über Schulden finanzierte Ausgaben können zudem die gesellschaftliche Nachfrage stärken, sodass eine Krise schneller überwunden wird. Sprich: Auch für den Staat sind Schulden ein Instrument, um die nationale Wirtschaft zu unterstützen – was nicht heißt, dass das immer funktioniert.

Zentrale Maßzahl ist für den Staat daher nicht die absolute Höhe der Schulden in Euro, sondern die sogenannte Schuldenstands- oder Schuldenquote. Sie teilt die gesamten Staatsschulden durch die Wirtschaftsleistung (Bruttoinlandsprodukt oder BIP). Diese Quote misst, ob den wachsenden Schulden ein wachsendes BIP gegenübersteht – ob die Schulden also als Hebel für mehr Wirtschaftswachstum fungieren.[2] Mit der Wirtschaftsleistung

1 In Deutschland war dieser Zweck sogar im Grundgesetz festgeschrieben: Die Neuverschuldung eines Jahres durfte ab 1969 laut Artikel 115 Grundgesetz nicht über den Investitionen liegen – also nicht über dem Betrag, der die Standortbedingungen verbessern und darüber das Wirtschaftswachstum ankurbeln soll.

2 Das BIP ist zwar nicht Eigentum des Staates, aber repräsentiert den Reichtum, an dem der Staat sich potenziell über Steuern bedienen kann.

wachsen auch die Steuereinnahmen. Solange das funktioniert, sind Staatsschulden kein großes Problem und der Staat erreicht sein Ziel: Wachstum des nationalen Reichtums.

Eine Regierung kann also dauerhaft mehr ausgeben, als sie einnimmt, weil sie mit den Ausgaben ihre Einnahmen erhöhen kann. Das kann die schwäbische Hausfrau nicht. Im Unterschied zum schwäbischen Privathaushalt kann ein Land durch Schulden sogar reicher werden. Es kommt darauf an, ob die geliehenen Summen von einer wachsenden Wirtschaftsleistung begleitet werden.

Dies war in den vergangenen Jahren in den meisten Industrieländern allerdings nicht der Fall. Das zeigen die steigenden Schuldenquoten – die Schulden wachsen schneller als die Wirtschaftsleistung. Man kann es auch so ausdrücken: Der Kredit bleibt seine Produktivität schuldig.

2. »Die Enkel müssen unsere Schulden zurückzahlen«

Der *Welt am Sonntag* (26.6.2011) erklärte der SPD-Parteivorsitzende und jetzige Vizekanzler Sigmar Gabriel: »Wir leben auf Kosten unserer Enkel und Urenkel, denn die müssen das alles bezahlen.« In jeder Talkshow-Debatte über Staatsverschuldung fällt mindestens einmal die Bemerkung, dass »wir« uns nicht auf Kosten unserer Kinder und Enkelkinder verschulden dürften. Das verlange der Grundsatz der »Generationengerechtigkeit«. Das dramatische Bild ist klar: Heute gemachte Schulden müssen in ein paar Jahren oder Jahrzehnten zurückgezahlt werden. Werden jedes Jahr neue Schulden aufgenommen, wird der Schuldenberg größer. Je mehr Schulden auflaufen, so das Argument weiter, desto weniger Geld bleibt für andere Ausgaben, zum Beispiel für Bildung, Straßenbau und Soziales. Bis in die Grünen hinein hat sich inzwischen die Mär festgesetzt, Verschuldung finde auf Kosten zukünftiger Generationen statt.

Was ist dran?

Auch dieses Bild ist falsch. Denn erstens stehen über Kredit finanzierte Vermögenswerte wie Straßen oder Schulen auch künftigen Generationen zur Verfügung. »Unsere Enkel« erben daher nicht nur die Schulden, sondern auch das, was mit ihnen angeschafft wurde.

Zweitens findet mit Staatsschulden keine Umverteilung zwischen den Generationen statt, sondern *innerhalb* einer Generation. Und zwar tendenziell eine von »unten« nach »oben«. Wie funktioniert das? »Unsere Enkel« erben nicht nur die Schulden, sondern auch die Forderungen, also die Vermögen. Man kann sich das anhand einer Familie vorstellen: Wenn die Mutter dem Vater 100 Euro borgt und beide sterben, so erben die Kinder nicht nur die 100 Euro Schulden des Vaters. Sie erben auch die Forderung der Mutter. In einer Gesellschaft stellt sich nun die Frage: Wer erbt die Schulden und wer erbt die Forderungen? Wer hat Geld verliehen und bekommt dafür Zinsen? Und vor allem: Wer bezahlt diese Zinsen und woher kommt das Geld dafür?

2013 warf allein die Schuld der Bundesregierung 32 Milliarden Euro Zinsen ab. Die Schuldpapiere befinden sich überwiegend im Besitz von Banken, institutionellen Anlegern und Vermögenden. Sie leihen dem Staat überschüssiges Geld, indem sie Staatsanleihen kaufen, und kassieren dafür Zinsen.

Für sie sind die verliehenen Gelder sich vermehrendes Finanzkapital. Sie verdienen daran – wenn auch, angesichts der drastisch gesunkenen Zinsen, immer weniger.

Woher kommen die Zinsen, die der Staat bezahlt? Aus dem Steueraufkommen. Die Steuern werden – kraft der Steuerreformen der letzten zehn Jahre – zu ungefähr zwei Dritteln von den Lohnabhängigen finanziert. Das bedeutet: Wenn der Staat sich verschuldet und seine Schulden bedient, findet keine Umverteilung zwischen den Generationen statt (in der Summe gleichen sich Forderungen und Verpflichtungen nämlich aus). Vielmehr handelt es sich um einen Vermögenstransfer von denjenigen, die mittels ihrer Steuerabgabe die Zins- und Tilgungszahlungen finanzieren, hin zu jenen, die jährlich als Besitzer von Staatspapieren Milliarden Euro kassieren.[3] Welche Personen dies genau sind, ist nicht bekannt. Was man aber weiß: In Deutschland sind die Vermögen extrem

3 Die Staatsschuld ist allerdings nicht die Ursache für das Zinseinkommen der Vermögensbesitzer, sondern eben deren Vermögen. »Zinseinkommen entstehen allein dadurch, dass einzelne Haushalte in der Lage sind, Ersparnisse zu bilden. Aus der Staatsverschuldung folgt somit kein Gerechtigkeitsproblem, das nicht mit Blick auf die vorhandenen Einkommens- und Vermögensdisparitäten bereits bestanden hätte.« (Norbert Reuter: Generationengerechtigkeit in der Wirtschaftspolitik. Eine finanzwissenschaftliche Analyse staatlicher Haushaltsund Rentenpolitik, in: Prokla 121/2000, S. 547–556).

ungleich verteilt – so ungleich wie in keinem anderen Land der EU. Laut Schätzungen des Deutschen Instituts für Wirtschaftsforschung hält das reichste ein Prozent der deutschen Haushalte mehr als 30 Prozent des gesamten Vermögens. Die reichsten zehn Prozent kommen auf einen Wert zwischen 63 und 74 Prozent. (DIW[4] Wochenbericht Nr. 7/2015). Dieser Anteil dürfte im Wesentlichen aus zwei Gründen weiter steigen: Erstens liegen die Renditen auf Vermögen umso höher, je größer die Vermögen sind. Anders gesagt – je reicher ein Haushalt ist, desto schneller wächst sein Reichtum. Zweitens liegt auch die Sparquote umso höher, je reicher ein Haushalt ist, d.h. ein Haushalt kann desto mehr »auf die hohe Kante legen«, je mehr verfügbares Einkommen und Vermögen er hat, also nicht unmittelbar zum Leben braucht (Miete, Essen, Angehörige, Klamotten, Urlaub etc.). (IMK[5] Report 99: Einkommens- und Vermögensverteilung in Deutschland, Oktober 2014)

Und noch eine Anmerkung zu der Behauptung, nachfolgende Generationen müssten die Schulden zurückzahlen: Staatsschulden werden nicht

4 Deutsches Institut für Wirtschaftsforschung, Berlin.

5 Institut für Makroökonomie und Konjukturforschung, Berlin.

»zurückgezahlt«, sondern bedient. Das heißt, der staatliche Schuldenberg wird üblicherweise nicht abgetragen, nicht getilgt, sodass ein Staat irgendwann wieder schuldenfrei wäre. Wird ein Kredit fällig, muss also die ursprünglich als Kredit aufgenommene Geldsumme zurückgezahlt werden, so geschieht das in Form eines »roll over«, einer Umschuldung: Zur Rückzahlung alter Schulden werden neue Kredite aufgenommen. Die fälligen Schulden werden durch neue ersetzt – ein quasi permanenter Vorgang, der gar nicht extra erwähnt wird. Seit 1965 hat die Bundesrepublik nie getilgt, sondern immer nur umgeschuldet. Als »Neuverschuldung« gelten nur jene Kredite, die über die Umschuldung hinausgehen. Dies bedeutet: Werden keine neuen Schulden aufgenommen, bleibt der Schuldenberg in Euro gerechnet so groß wie vorher. So wird auch die kommende Generation vorgehen. Die Schulden werden nicht abbezahlt, sondern bedient. Das ist auch der Hintergrund, weshalb Wolfgang Schäuble am Rande einer Tagung des Internationalen Währungsfonds (IWF) 2013 knapp zu Protokoll geben konnte: »Wenn mich junge Menschen fragen, wann wir endlich ganz ohne Schulden sind, dann sage ich: Hoffentlich nie.«[6] Hier zeigt sich mal wieder: Quod licet

Iovi, non licet bovi, was Deutschland erlaubt ist, ist Griechenland nicht erlaubt.[7]

Solange die Wirtschaftsleistung wächst, ist das auch kein Problem. Nicht »unsere Enkel« müssen künftig die Schulden zurückzahlen, die »wir« heute machen, sondern die Lohnempfänger von morgen zahlen an die Finanzanleger von morgen. Im nationalen »Wir« verschwindet jedoch dieser Unterschied zwischen jenen, die für die Bedienung der Staatsschuld zahlen und jenen, die an ihr verdienen.

6 Focus.de, 27.10.2013.

7 Das lateinische Sprichwort, das auf die römische Mythologie anspielt, bedeutet: »Was dem Jupiter erlaubt ist, ist dem Ochsen nicht erlaubt«.

3. »Wir haben alle über unsere Verhältnisse gelebt«[8]

Die Bundeskanzlerin sagt, dass »die Deutschen« zu viele Schulden gemacht haben. Sie meint damit zwar nicht die privaten Unternehmen und nicht die privaten Haushalte, sondern den Staat, aber sie suggeriert, alle wären gemeint. Im Jahr 1950 lagen die öffentlichen Schulden der Bundesrepublik noch bei 9,5 Milliarden Euro. Im Jahr 1990 waren es 538 Milliarden Euro. Zwischen 2007 und 2010 wuchsen die Schulden wegen der Wirtschaftskrise noch einmal drastisch um fast 30 Prozent von 1.550 auf 2.000 Milliarden Euro. 2014 betrug die Gesamtschuld laut dem europäischen Statistikamt Eurostat 2.155 Milliarden Euro.

All das sollen »unsere« Schulden sein. Denn: »Der Staat, das sind wir alle.«[9] Ausgedrückt wird dies auch als Staatsschuld pro Kopf der Bevölkerung. Im Jahr 1950 lag sie bei 190 Euro und im Jahr 2014 etwa bei 26.400 Euro (vgl. Punkt 10). Sprich: Wir leben über unsere Verhältnisse.

8 Angela Merkel (Potsdamer Neueste Nachrichten, 15.5.2010).

9 So die Bundesregierung auf ihrer Website »regierenkapieren. Die junge Seite der Bundesregierung«, www.regierenkapieren.de, Stichwort »Wo kommt das Geld dafür her und wofür wird es verwendet?«.

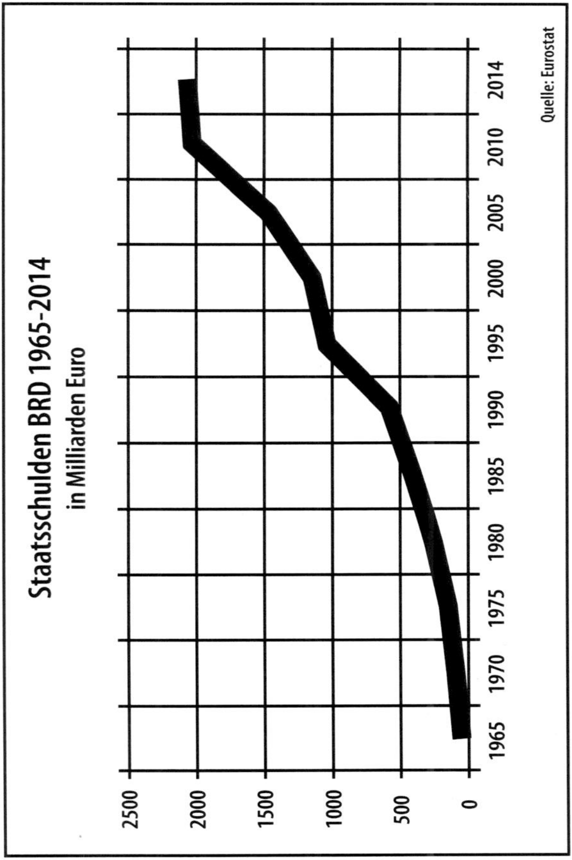
Staatsschulden BRD 1965-2014
in Milliarden Euro
2500
2000
1500
1000
500
0
1965
1970
1975
1980
1985
1990
1995
2000
2005
2010
2014
Quelle: Eurostat

Was ist dran?

Zum ersten Punkt: Es stimmt, die Staatsschulden sind drastisch gestiegen. Aber: Was heißt denn hier »unsere« Schulden? Jedes Jahr stellt der Bundesfinanzminister einen Haushalt auf. Er prognostiziert seine Einnahmen und seine Ausgaben. Wenn die Ausgaben über den Einnahmen liegen, finanziert er die Differenz durch Neuverschuldung: Die Regierung nimmt Kredite auf. Der Haushalt und die Neuverschuldung werden dann durch das Parlament genehmigt. An all dem hat die Bevölkerung keinen Anteil. Sie kann die Haushaltsdebatte in den Medien verfolgen und sich eine Meinung bilden. Sie kann zufrieden mit dem staatlichen Finanzgebaren sein oder unzufrieden. Auf die Höhe der Neuverschuldung aber hat sie keinen Einfluss.

Die Schulden des Staates sind nicht die Schulden der EinwohnerInnen. Schließlich steigen die Staatsschulden pro Kopf der Bevölkerung, so sparsam der/die einzelne Erwerbstätige oder Erwerbslose auch lebt. Als Privatmensch kann man die Staatsschulden auch nicht zurückzahlen, selbst wenn man wollte. Und wenn man zur Bank geht und einen Kredit aufnehmen will, so wird keine Bank den Kredit mit den Worten verweigern: »Aber Sie sind doch schon mit Staatsschulden von 26.400 Euro verschuldet!«

Die Staatsschulden mögen zwar nicht die Schulden der Bevölkerung sein. Doch haftet die Bevölkerung letztlich für die öffentlichen Schulden. Wenn Schulden abgebaut werden sollen, so muss die Bevölkerung höhere Steuern zahlen, länger auf die Rente warten, mehr arbeiten, weniger verdienen oder sich mit weniger staatlichen Leistungen begnügen. So macht der Staat aus seinen Schulden »unsere« Schulden.

Zum zweiten Punkt: Letztlich kann man nicht sagen, dass »Deutschland über seine Verhältnisse lebt« – also mehr ausgibt als einnimmt. Zumindest wenn man die gesamte Gesellschaft betrachtet. Zwar hat der Staat steigende Schulden. Doch jedem Kredit, den jemand nimmt, steht eine Forderung gegenüber. Jeder Schuldner hat einen Gläubiger. Wenn Frau A 100 Euro an Herrn B leiht, dann haben nicht beide über ihre Verhältnisse gelebt, sondern Herr B hat Schulden und Frau A eine Forderung, also ein Guthaben, auf das sie Zinsen kassiert. Beides gleicht sich aus (vgl. Punkt 2). Wenn sich die deutsche Regierung von der Deutschen Bank eine Million Euro leiht, dann haben nicht »wir« über »unsere« Verhältnisse gelebt, sondern die Regierung hat sich verschuldet und die Bank hat eine Forderung, auf die sie Zinsen kassiert.

Nimmt man das »wir« ernst und rechnet alle Schulden und Vermögen aller Deutschen gegeneinander auf, so muss man feststellen: »Wir« haben nicht über »unsere Verhältnisse« gelebt. »Wir« sind nicht hoch verschuldet, sondern reich. Zwar betragen die Staatsschulden rund 2.155 Milliarden Euro. Die privaten Nettogeldvermögen der privaten Haushalte lagen 2014 aber bei 5.000 Milliarden Euro, abzüglich Schulden waren es also immer noch netto 3.430 Milliarden Euro.[10] Das kann man auch pro Kopf der Bevölkerung ausrechnen: Auf Staatsschulden pro Kopf von 26.400 Euro kommt rein rechnerisch ein privates Nettovermögen von über 42.000 Euro.[11] »Wir« sind also vermögend. Zumindest im Durchschnitt. In der Realität jedoch sind die Staatsschulden allen aufgebürdet, sie sind öffentlich (siehe Fazit). Die Vermögen hingegen (zu denen auch die Forderungen an den Staat gehören, zum Beispiel Staatsanleihen) liegen in den Händen weniger Privatpersonen. 2007 gehörten den reichs-

10 Bundesbank Pressenotiz 19.1.2015.

11 Vgl. Basel Institute of Commons and Economics: http://commons.ch. Pro Kopf werden »wir« übrigens auch immer reicher: Die öffentlichen Schulden je Einwohner stiegen zwischen 2000 und 2010 in Deutschland um 65 Prozent, die privaten Vermögen je Einwohner dagegen um 83 Prozent.

12 DIW Wochenbericht 50/2010.

ten zehn Prozent der deutschen Bevölkerung 60 bis 70 Prozent des Gesamtvermögens. Den reichsten 30 Prozent gehört fast alles.[12]

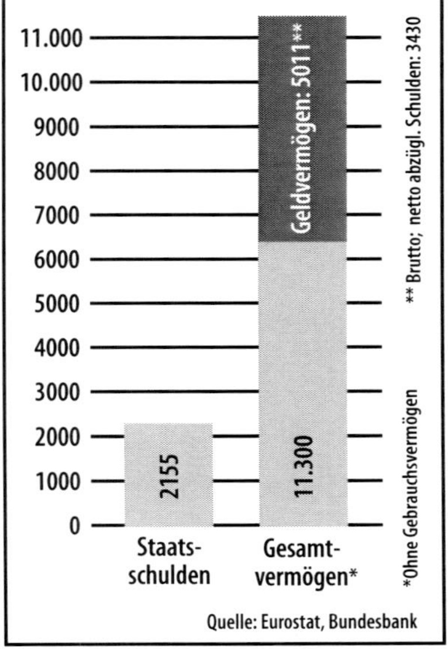

Öffentliche Schulden und privater Reichtum
in Milliarden Euro im Jahr 2014 in Deutschland

Dass Deutschland als Gesamtheit nicht verschuldet, sondern vermögend ist, erkennt man auch an einer anderen Zahl: der internationalen Netto-Investment-Position. Sie zeigt, ob ein Land als Ganzes – also Staat, Unternehmen und private Haushalte – gegenüber dem Ausland verschuldet ist oder ob es Forderungen hat. Da die deutsche

Wirtschaft seit vielen Jahren riesige Außenhandelsüberschüsse erzielt, also mehr Waren exportiert als importiert, ist Deutschland ein Gläubigerland: Netto, also abzüglich der Auslandsschulden, hat es ein Guthaben von mehr als 1.000 Milliarden Euro. Dieses Guthaben besteht in Forderungen gegenüber Staaten, Unternehmen und privaten Haushalten im Ausland – also in deren Schulden gegenüber Deutschland. Man kann es auch so ausdrücken: Während die Bundesregierung laufend die hohe Verschuldung insbesondere vieler Euro-Länder kritisiert, beruht das deutsche Wirtschaftsmodell auf Exportüberschüssen, die nur deshalb möglich sind, weil sich das Ausland permanent bei Deutschland verschuldet. Im Jahr 2015 werden hier weitere 200 Milliarden Euro dazukommen.

4. »Die Finanzkrise ab 2008 war eine Folge übermäßiger Schulden bei den privaten Haushalten in den USA«

Auch die Krise ab 2008 wird gerne damit erklärt, dass über die Verhältnisse gelebt wurde – nicht in Deutschland, sondern in den USA. Ungefähr ab dem Jahr 2000 begannen die privaten Haushalte in den USA, vermehrt Kredite zu nehmen, um sich Häuser zu kaufen. Dies führte zu einem Immobilienpreisboom, die Häuser wurden immer teurer und erhöhten so die Vermögen der Hausbesitzer. Dies ermöglichte ihnen, den gestiegenen Wert ihrer Immobilien zu beleihen, weitere Kredite zu nehmen und dieses Geld für Konsum auszugeben. Der Preisanstieg machte es zudem auch ärmeren Haushalten möglich, einen Kredit für ein Haus von den Banken zu erhalten, weil diesen das im Wert steigende Haus als Sicherheit für den Kredit galt. Derartige Kredite an ärmere Haushalte gelten als minderwertige Kredite, sogenannte *subprime credits*. Als die Immobilienpreise dann sanken, wurde die Überschuldung der privaten Haushalte deutlich. Der auf Immobilienspekulation und Kredit gebaute Boom brach zusammen, die Finanzkrise folgte.

Was ist dran?

Oberflächlich betrachtet stimmt diese Geschichte. Was sie allerdings verschweigt, sind tieferliegende Entwicklungen in der Wirtschaft: Seit langem sinkt in den USA die Lohnquote, also der Anteil der Lohnempfänger am Nationaleinkommen. Insbesondere der Anteil der ärmeren Haushalte daran geht zurück. Gleichzeitig legten die Unternehmensgewinne und die Einkommen der wohlhabenden Haushalte stark zu. Während die reichsten 5 Prozent der US-Haushalte davonzogen, blieben die unteren 95 Prozent zurück. Im Ergebnis stieg die Ungleichheit in den USA.

Was taten die Vermögenden und die Gutverdienenden mit ihrem zusätzlichen Reichtum? Sie sparten ihn, sie legten ihn an – zum Teil, indem sie das Geld an die ärmeren Haushalte verliehen, die damit Immobilien erwarben. »Der zunehmenden Verschuldung der unteren Einkommensgruppen standen eine höhere Geldvermögensbildung der reichen Haushalte [...] gegenüber.«[13] Die steigenden Immobilienpreise ermöglichten es den ärmeren Haushalten, ihre Häuser zu beleihen und so ihr Konsumniveau

13 Peter Bofinger u.a.: Thomas Piketty und die Verteilungsfrage, 2015, S. 95. http://www.boeckler.de/pdf/Piketty_Verteilungsfrage.pdf.

aufrecht zu erhalten – trotz sinkender Lohnquote. Dieser kreditgetriebene Konsum wiederum stützte in den Jahren vor der Krise das starke Wirtschaftswachstum in den USA. Als die Immobilienpreise dann ab 2006 stagnierten und anschließend sanken, brach dieses System zusammen.

Tiefere Ursache der Krise waren damit aber nicht die bedenkenlose Kreditaufnahme der armen Amerikaner oder die unverantwortliche Kreditvergabe der Banken. Sondern die gewachsene Ungleichheit – also die Tatsache, dass im Boom vor der Krise »die Top-Verdiener ihre Einkommen nicht konsumierten, sondern mit einem großen Teil davon ein Finanzvermögen akkumulierten, das durch Kredite an die Geringverdiener gedeckt war«.[14] Diesen Mechanismus – wachsende Ungleichheit, wachsende Verschuldung – entdeckt der IWF nicht nur im Vorfeld der Krise ab 2008, sondern auch in den Jahren vor der Großen Depression 1929.

14 Internationaler Währungsfonds, Working Paper WP/13/249, Seite 4. www.imf.org/external/pubs/ft/wp/2010/wp10268.pdf.

5. »Politiker verschwenden Geld – es ist ja auch nicht ihres«

Politiker stehen im Verdacht der Verschwendungssucht. Immerzu sind ihnen die Staatseinnahmen zu gering, um ihre Ausgabenwünsche zu finanzieren.[15] Folge sind hohe Defizite im Staatshaushalt. Begründet wird dies häufig mit der Kurzsichtigkeit der Politiker[16], mit ihrer Verschwendungssucht oder mit ihrem Wunsch, über Wohltaten das Wahlvolk zu betören. Die Rechnung dafür kommt – aber erst, wenn die spendablen Politiker längst in Pension gegangen sind. Daher fordert die neoliberale Denkfabrik Stiftung Marktwirtschaft, »mehr Demokratie ohne Geschenke zu wagen: Lassen wir Politik ohne Weihnachtsmannpose gelingen …«.[17]

15 »Warum macht der Staat Schulden? Bei den vielen Ausgaben kommt der Finanzminister Jahr für Jahr wieder ins Schwitzen. Die Einnahmen, obwohl sie so hoch sind, reichen nicht aus, um die Kosten zu decken. Wir leben, wie man früher so schön sagte, über unsere Verhältnisse« (www.regierenkapieren.de, Zugriff Oktober 2011).

16 Regierungen »müssen endlich weiter denken als bis zur nächsten Wahl« (Spiegel 32/2011).

17 Stiftung Marktwirtschaft: Ehrbare Staaten? Argumente zu Marktwirtschaft und Politik, Dezember 2011.

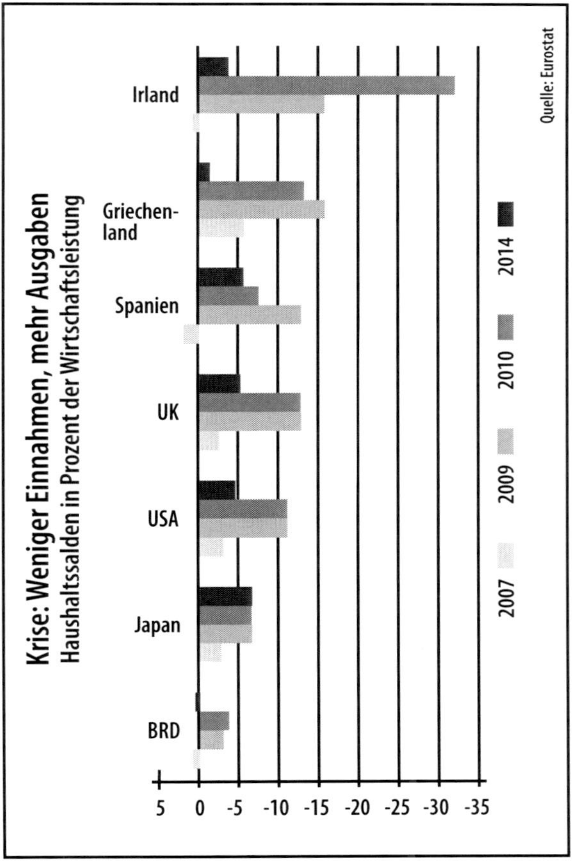

Krise: Weniger Einnahmen, mehr Ausgaben
Haushaltssalden in Prozent der Wirtschaftsleistung

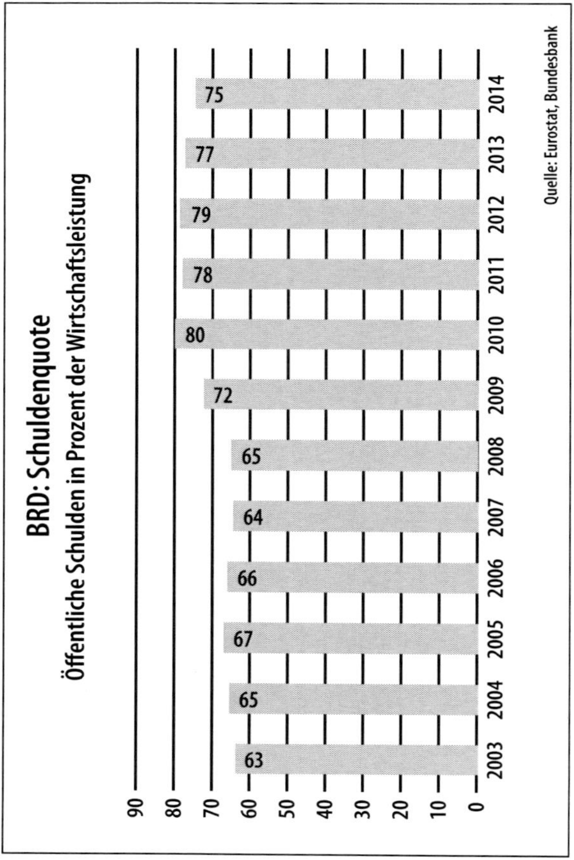
BRD: Schuldenquote
Öffentliche Schulden in Prozent der Wirtschaftsleistung
90
80
70
60
50
40
30
20
10
0
2003
2004
2005
2006
2007
2008
2009
2010
2011
2012
2013
2014
63
65
67
66
64
65
72
80
78
79
77
75
Quelle: Eurostat, Bundesbank

Was ist dran?

Wenig. Sicher, Verschwendung kommt vor und wird alljährlich vom Bundesrechnungshof und vom Bund der Steuerzahler beziffert und beklagt. Handelten Politiker aber wirklich ausschließlich extrem kurzsichtig, so wäre es verwunderlich, dass sie nicht noch viel mehr Schulden machen, als sie es ohnehin tun. Würden Politiker tatsächlich über Schulden Wählerstimmen »kaufen«, so dürfte es in Diktaturen eigentlich keine Staatsschulden geben oder zumindest weniger als in Demokratien (was nicht zutrifft). Politiker geben nicht bedenkenlos Geld aus. Wenn sie Schulden machen, ignorieren sie nicht das Wohl der Wirtschaft, sondern haben es zum Ziel (vgl. Punkt 1).

Insbesondere in den vergangenen Jahren jedoch hat das nicht geklappt. Die Schulden wuchsen viel schneller als die Wirtschaftsleistung. Das zeigt die Entwicklung der Schuldenquote.

Dies lag in Deutschland nicht an den hohen Ausgaben des Staates, im Gegenteil: Zwischen 1998 und dem Beginn der Krise 2008 gingen die Staatsausgaben in realer Rechnung (also abzüglich der Inflationsrate) sogar zurück. Die steigende Schuldenquote hatte zwei andere Gründe: Erstens wurden die Steuern in Deutschland seit 1998 stark gesenkt. So sanken die Steuersätze für Wohlhabende, die Steuern auf Kapitaleinkommen (Abgeltungsteuer) und die Unternehmenssteuern. Im Jahr 2010 hätte der deutsche Staat 51 Milliarden Euro mehr eingenommen, hätten noch die Steuergesetze von 1998 gegolten.[18] Die Politik kauft also nicht Wählerstimmen, sondern macht Steuergeschenke an Vermögende.

Zweiter Grund für die wachsende Staatverschuldung war die Wirtschaftskrise. Als die Wirtschaftsleistung Ende 2008 einbrach, die Unternehmen nicht mehr so viel investierten und die Haushalte nicht mehr so viel konsumierten, sprang der Staat ein. Er nahm Kredite auf, rettete Banken und ersetzte die ausgefallene private Nachfrage durch Staatsnachfrage, um die Krise abzumildern.[19] Dies ist auch gelungen. Ohne Eingriffe wie Bankenrettung, Abwrackprämie oder Kurzarbeitergeld wäre die Wirtschaftsleistung in Deutschland viel stärker eingebrochen. Dennoch: Die Schuldenstandsquo-

18 Vgl. Pressemittelung »Staatsausgaben trotz Krisenabwehr real kaum gestiegen« der Hans-Böckler-Stiftung vom 8. September 2011.

19 Dies gilt noch mehr für Länder wie Irland und Spanien. Dort war die Schuldenquote bis zur Krise stetig gesunken. Doch dann mussten die Regierungen ihre Banken retten. In der Folge stieg die Schuldenquote zwischen 2007 und 2012 in Irland von 28 auf 113 und in Spanien von 42 auf 80 Prozent des BIP. Das zeigt, wie absurd der Vorwurf der Verschwendung ist.

te stieg. Doch war dies kein Zeichen für staatliche Verschwendungssucht, sondern dafür, dass der Staat mit öffentlichen Geldern die Geschäfte der Unternehmen halbwegs am Laufen hielt. Ergebnis: Die Gewinne der deutschen Unternehmen erreichten schon 2011 wieder ein Rekordniveau.[20]

Im Jahr davor erzielten die 13 größten deutschen Banken bereits einen Überschuss von 5,3 Milliarden Euro. Die Regierung jedoch hat Deutschland ein Sparprogramm auferlegt, bei dem im Bereich Arbeit/Soziales am stärksten gekürzt werden soll.[21]

20 So lagen die Gewinne der 30 Konzerne aus dem Deutschen Aktienindex Dax im 2. Quartal 2011 um zwölf Prozent über dem 2. Quartal 2010 (Frankfurter Rundschau, 13./14.8.2011).

21 In der Summe lässt sich also sagen: In »normalen« Zeiten dienen Staatsschulden dem Wirtschaftswachstum. In der Krise dienen sie dazu, ein stärkeres Schrumpfen der Wirtschaftsleistung zu verhindern. Ein Sonderfall sind Kriege. Hier nimmt ein Staat bei seiner Verschuldung keine Rücksicht mehr auf das Verhältnis von BIP zur Staatsschuld, sondern setzt seine Ausgaben als absolut notwendig.

6. »Wir müssen sparen!«

Angesichts der steigenden Staatsschulden fordern Politiker und Ökonomen, Deutschland müsse mehr sparen. Konservative Ökonomen meinen, der Staat müsse seine Ausgaben zurückfahren. Linkere Ökonomen meinen, der Staat müsse seine Einnahmen erhöhen. Beide Wege könnten zu einem Schuldenabbau genutzt werden.

Was ist dran?

»Sparen« ist für einen Staat gar nicht so leicht. Er ist ja kein privater Haushalt. Ein privater Haushalt kann tatsächlich im engeren Sinne sparen, also weniger Geld ausgeben. Da seine Einnahmen davon nicht berührt werden, kann der Haushalt so seine Schulden mindern. Anders ist dies beim Staat. Denn hier sind Ausgaben und Einnahmen nicht unabhängig voneinander. Eine Regierung kann zwar ebenfalls ihre Ausgaben kürzen. Dann aber fällt sie als Nachfrager aus, sie »kauft« weniger Schulen, Straßen, Panzer usw. Oder sie entlässt Angestellte, die dann arbeitslos werden, ihren Lohn verlieren, weniger kaufen können und gleichzeitig als Arbeitslose Kosten verursachen. Oder der Staat kürzt die Rente, was die Kaufkraft der Rentner schmälert. In jedem dieser

Fälle sinkt der gesamtgesellschaftliche Konsum und damit die Einnahmen des Staates. Ähnlich ist es, wenn der Staat Steuern erhöht, zum Beispiel die Mehrwertsteuer. Damit werden die Waren teurer, die Kaufkraft der Konsumenten sinkt.

Sparen kann einen Staat also arm machen. Ein drastisches Beispiel hierfür sind die Sparprogramme Griechenlands seit dem Jahr 2010: Die Regierung kürzte Renten, Gehälter, entließ Tausende von Beamten, erhöhte Steuern und strich gleichzeitig ihre Ausgaben zusammen. Folge: Der Konsum brach ein und mit ihm die gesamte Wirtschaftsleistung. Zwischen 2010 und 2014 sank das Bruttoinlandsprodukt um ein Viertel, hauptsächlich wegen der dem Land auferlegten Sparmaßnahmen. Damit gingen auch die Steuereinnahmen des Staates zurück. Zudem musste die Regierung mehr Geld für Erwerbslose ausgeben. Im Endeffekt baute Athen seine Verschuldung nicht ab, sie wurde im Gegenteil immer höher. Radikale Sparsamkeit kann eine Wirtschaft also ruinieren.

In den meisten Fällen bedeutet »Sparen« deshalb nicht, dass der Staat nur noch so viel ausgibt, wie er einnimmt, oder dass er gar weniger ausgibt, als er einnimmt, und die Differenz »spart«, also auf die hohe Kante legt. Dies passiert allenfalls in Krisenzeiten oder unter Druck, so wie im Falle Griechenlands. Üblicherweise aber ist staatliches Sparen keine Frage von viel oder wenig ausgeben, sondern eine Frage des »Wofür wird Geld ausgegeben?«. Wenn eine Regierung spart, schichtet sie ihre Ausgaben und Einnahmen um. Über »Sparprogramme« sollen die »Standortbedingungen« für Unternehmen verbessert werden, um das Wirtschaftswachstum zu erhöhen. Ziel ist dabei nicht eine Senkung der Schulden, sondern eine Senkung der Schuldenstandsquote – also des Verhältnisses von Staatsschulden zum BIP über eine Erhöhung des BIP.

Dementsprechend sehen Sparprogramme dann meist auch aus: Die Steuern für Unternehmen, Vermögen oder Kapital werden nicht erhöht. Stattdessen kürzt die Regierung Sozialausgaben und Löhne (vor allem im öffentlichen Dienst) und erhöht die Besteuerung des Konsums (Mehrwertsteuer). Daneben wird versucht, über gesetzliche Regelungen das Lohnniveau zu senken, um den Unternehmen bessere Investitionsbedingungen zu schaffen, damit die Wirtschaftsleistung wächst und darüber die Schuldenquote sinkt.[22]

In Europa laufen diese Programme derzeit unter Titeln wie »Europäisches Semester«, »Euro-Plus-Pakt« oder »Europa 2020«. Ihr Vorbild ist die deutsche Agenda 2010 der rot-grünen Bundesregierung. Mit diesen Programmen soll Europa zur wettbewerbsfähigsten Region der Welt werden. Mit dem sogenannten Fiskalpakt und der Schuldenbremse setzen die Staaten sich zudem enge Grenzen bei den Ausgaben. All dies dient einem Zweck: Das »Vertrauen der Finanzmärkte« wiederzugewinnen, sprich: Europa als Anlagesphäre bzw. Renditeobjekt für Finanzkapital attraktiv zu machen, damit sich die Regierungen wieder zu niedrigen Zinsen verschulden können. Mit Verzicht und der Verarmung ihrer Bevölkerungen konkurrieren die Euro-Staaten sowohl gegeneinander als auch miteinander gegen den Rest der Welt um Kredit, also um Zugang zum globalen Geldkapital. Dieses Geldkapital wiederum soll genutzt werden, um die Standortbedingungen zu verbessern. Allgemeines Ziel dabei ist die sogenannte Schuldentragfähigkeit, also die Fähigkeit eines Landes, seine Schulden dauerhaft und sicher zu bedienen.[23] Und Schulden bedienen bedeutet, die Renditeansprüche der Gläubiger zu bedienen.

22 Ein Beispiel aus Deutschland: 2002 warnte Bundesfinanzminister Hans Eichel (SPD) vor der »tickenden Zeitbombe« Staatsverschuldung (ARD-Magazin Panorama, 18.4.2002). Zwischen 2003 und 2005 wurden dann unter anderem die Hartz-Reformen umgesetzt und die Zeitarbeit wurde liberalisiert. Dies sorgte mit dafür, dass die Löhne in Deutschland im Durchschnitt zehn Jahre stagnierten.

In der Konsequenz heißt all dies, dass die Lohnabhängigen für die Krise zahlen. Die Aufgabe von Unternehmen und der Finanzmärkte scheint es dagegen zu sein, viel Geld zu verdienen und so das Wirtschaftswachstum anzutreiben. Es ist also nicht so, dass »wir alle« sparen müssen. »Sparen« ist ein Umverteilungsprogramm von unten nach oben, und so etwas muss politisch durchgesetzt werden. Damit die Bevölkerung bereit ist, »den Gürtel enger zu schnallen«, können Schulden nützlich sein. Das ist der Politik auch durchaus bewusst. Der Wirtschaftsweise Peter Bofinger schreibt: »Wenn man die Rolle des Staates beschneiden möchte, muss man ihm seine finanziellen Ressourcen entziehen. [...] In einem ersten Schritt werden umfangreiche Steuerentlastungen vorgenommen. [...] Bei unveränderten Ausgaben ergibt sich dadurch eine steigende Neuverschuldung. Wenn man gleichzeitig in der Bevölkerung eine hohe Angst vor der Staatsverschuldung schürt, wird alsbald ein hoher politischer Druck für die Ausgabenkürzungen geschaffen.«[24]

23 Vgl. Stephan Kaufmann: »Die Halbstarken von Athen«. Fünf Jahre Euro-Krise – Irrtümer, Interessen und Profiteure, Materialien Nr. 7, Rosa-Luxemburg-Stiftung 2015, S. 32 ff.
24 WSI-Mitteilungen 7/2008, S. 351.

Angemerkt sei hier noch: Viele Menschen sind für Sparsamkeit, weil sie sich eine Welt ohne Schulden zu wünschen scheinen. Was sie übersehen, ist die Identität von Schulden und Vermögen. Vom globalen Finanzvermögen von rund 280 Billionen Dollar waren im Jahr 2013 etwa 220 Billionen Dollar Schulden – in Form von Anleihen oder Bankanlagen. Der Rest sind im Wesentlichen Aktien. Anders gesagt: Der weltweite finanzielle Reichtum besteht vor allem aus Schulden, also aus Ansprüchen der Gläubiger, die bezeichnenderweise auch »Sparer« genannt werden. Wenn niemand mehr Schulden macht und alle sparen – wo soll der ganze Reichtum dann hin?

Würden zum Beispiel die Staaten irgendwann alle keine Schulden mehr machen, so bekämen die Finanzmärkte ein großes Problem. Denn bei all ihrer riskanten Spekulation mit Derivaten, Rohstoffen und Aktien kennen die Finanzanleger einen »sicheren Hafen«: Staatsanleihen, auf deren Wertbeständigkeit sie sich verlassen. Die EU-Staaten, Nordamerika und Japan allein haben Anleihen in Höhe von 80.000 Milliarden US-Dollar ausgegeben, die quasi das Fundament der Weltfinanzmärkte bilden. »Moderne Finanzsysteme sind auf Staatsanleihen angewiesen.«[25] Das zeigte sich zum Beispiel im August 2011: Schuldenkrise und Rezessionsängste führten zu einem Absturz der Aktienmärkte. Anleger flüchteten in »Sicherheit«, also in die Staatsanleihen beispielsweise Deutschlands oder der USA. Die Preise dieser Staatsanleihen stiegen auf ein Rekordhoch, während die Zinsen für Wertpapiere fielen. Und das trotz Staatsschuldenkrise! Bereits Anfang der 2000er Jahre, nachdem der ehemalige US-Präsident Bill Clinton einen ausgeglichenen Staatshaushalt vorlegte, rief das sinkende Angebot an US-Staatsanleihen den IWF auf den Plan, der sich um die destabilisierende Wirkung auf die Weltfinanzmärkte sorgte.[26] Das zeigt: Ohne Staatsanleihen – also ohne Staatsschulden – würde das ganze Finanzsystem ins Wanken geraten.

Die Finanzanleger und Sparer brauchen also Staatsanleihen als Rendite-Vehikel und halbwegs sichere Form der Geldanlage. Aus diesem Grund haben sie seit Anfang 2015 ein neues Problem:

25 Staatsanleihen spielen eine »herausragende Rolle als Sicherheit, Vehikel zur Aufbewahrung von Ersparnissen für die Alterssicherung und als Instrument der Liquiditätssicherung und des Eigenkapitalmanagements [...] Die nun mancherorts geforderte Entschuldung von Staaten würde nicht nur Kleinanleger erheblich treffen, [...] sondern auch das Finanzsystem als Ganzes« (DIW Wochenbericht 44/2011, S. 9).

26 Siehe Garry J. Schinasi; Charles F. Kramer; R. Todd Smith (2001): Financial Implications of the Shrinking Supply of U.S. Treasury Securities, IMF Working Paper 01/61, Washington/DC.

Die Staaten insbesondere in der Euro-Zone sparen, senken ihre Haushaltsdefizite und damit ihre Neuverschuldung und geben daher immer weniger neue Anleihen aus. Gleichzeitig hat die Europäische Zentralbank damit begonnen, Anleihen am Markt aufzukaufen und zwar im Wert von 60 Milliarden Euro jeden Monat. Bis September 2016 will die EZB Anleihen über mehr als 1,1 Billionen Euro kaufen, um mehr Geld in die Märkte zu pumpen und einer Deflationsgefahr entgegenzuwirken. Damit passiert aber zugleich erstens: Das Angebot an Anleihen wird knapp. Das bedeutet zweitens: Die Preise für Anleihen steigen, spiegelbildlich sinkt ihre Rendite (siehe Glossar und den Punkt »Die Finanzmärkte zähmen die Politik«). Im Frühjahr 2015 brachten zum Beispiel zehnjährige deutsche Staatsanleihen für Anleger keinen Ertrag mehr, die Rendite war auf 0 Prozent gefallen. Das schafft Probleme für Banken, Versicherungen und die kapitalgedeckte Altersvorsorge, die alle von positiven Anleiherenditen abhängen. Man sieht: So wichtig ist Staatsverschuldung.

7. »Wir sind pleite!«

Bei einer Umfrage des Magazins *Stern* im Mai 2012 führten mit 62 Prozent die deutschen Staatsschulden die »Sorgenliste« an. »Ist die ganze Welt bald pleite?«, fragte die *Bild*-Zeitung bereits im Juli 2011 angesichts der wachsenden Schuldenstände in Europa und den USA. Seit Anfang des Jahres 2010 behaupten immer wieder auch Experten, Griechenland sei »pleite«. Und im Juli 2011 sagte der Chef der Republikaner im US-Parlament, John Boehner: »Listen, we're broke.«

Was ist dran?

Eines ist schon klar: »Die ganze Welt« kann nicht pleite sein. Denn die Summe der globalen Schulden ist genauso hoch wie die Summe der globalen Forderungen, also Vermögen (vgl. Punkt 3). Bei einzelnen Staaten ist das jedoch anders. Zwei Fragen tun sich auf. Erstens: Wann ist ein Staat pleite? Zweitens: Was bedeutet das überhaupt?

»Pleite« ist ein schwieriger Begriff, wenn man ihn auf Staaten anwendet. Bei einem Unternehmen ist es leicht: Die Firma kann ihre Rechnungen oder Zinsen nicht mehr bezahlen, erhält von Banken keinen Kredit mehr. Es folgt das Insolvenzverfahren.

Kommt der Insolvenzverwalter zum Schluss, dass nichts mehr zu retten ist, wird das Unternehmen aufgelöst. Was zu verkaufen ist, wird verkauft, und die Gläubiger werden aus den Verkaufserlösen so gut es geht bedient. Dann ist die Firma weg.

Wann aber ist ein Staat pleite? An der Höhe der Schulden ist dies nicht festzumachen und auch nicht am Verhältnis von Schulden zum BIP. So kam Griechenland 2010 auf Schulden von 140 Prozent des BIP und galt als insolvent. Spanien galt mit einer Quote von 60 Prozent des BIP immerhin als gefährdet. Japan hingegen erreichte 200 Prozent, galt aber als relativ solide.

Auch die sogenannte Zinslastquote – also wie viel der Staat jedes Jahr für Kreditzinsen zahlen muss – ist kein eindeutiger Indikator für eine Zahlungsunfähigkeit. Als Griechenland Ende 2009 in die Krise geriet, musste es Zinsen in Höhe von fünf Prozent seines BIP zahlen. Das ist relativ viel. Im Jahr 1996 waren es allerdings doppelt so viel gewesen.

Was Regierungen zudem von Privathaushalten oder Unternehmen unterscheidet: Sie können ihre Ausgaben und Einnahmen souverän festlegen. Fehlt ihnen Geld, können sie einfach die Steuern erhöhen oder die Ausgaben zum Beispiel für Arbeitslose senken (das hat natürlich seine Grenzen, vgl.

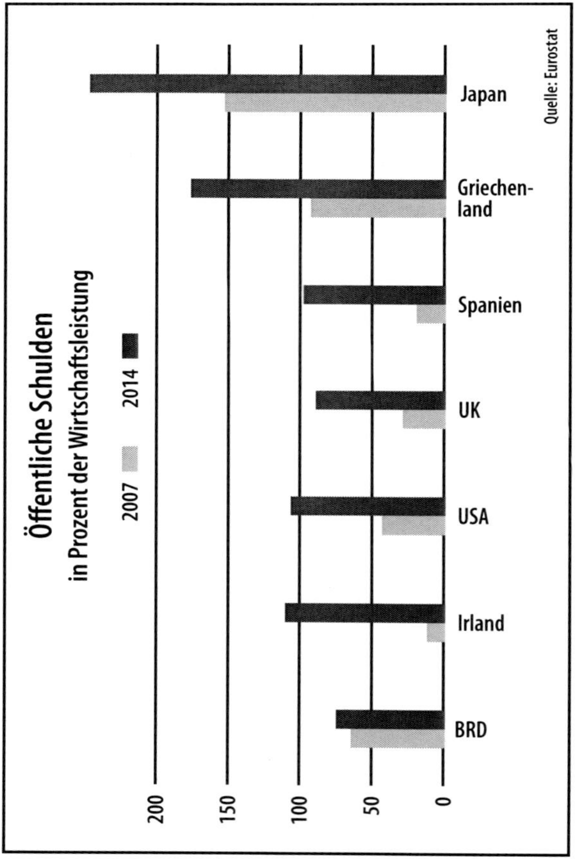
Öffentliche Schulden
in Prozent der Wirtschaftsleistung
2007
2014
Japan
Griechen-
land
Spanien
UK
USA
Irland
BRD
200
150
100
50
0
Quelle: Eurostat

Punkt 6). Oder eine Regierung kann versuchen, sich an den internationalen Finanzmärkten mehr Geld zu leihen. Klappt das nicht, kann sie die heimischen Finanzunternehmen auch schlicht dazu zwingen, ihr Geld zu leihen.[27] Ein Staat kann sich im Notfall auch bei sich selbst verschulden: Die Regierung legt eine Anleihe auf, und die Zentralbank des Landes kauft diese Anleihe. In diesem Fall druckt die Zentralbank Geld und leiht es der Regierung. Die meisten Zentralbanken der Welt tun dies in mehr oder weniger starkem Maß. So kaufte die US-Zentralbank Fed in den Jahren 2010/2011 Anleihen der US-Regierung in Höhe von 900 Milliarden US-Dollar.[28] Auch die EZB griff aufgrund der Zuspitzung der Euro-Krise temporär zu dieser Maßnahme, wenn sie die Anleihen auch nicht von den Staaten direkt, sondern nur von institutionellen Anlegern wie Banken, Versicherungen etc. aufkaufte, d.h. vom Kapitalmarkt nahm und dies zudem anders begründete: Um den Zinsdruck auf vor allem südeuropäische Länder zu verringern, hat sie bis Mitte 2012 Euro-Staatsanleihen im Wert

27 Bekannt ist diese Technik als »finanzielle Repression«: http://www.derboersianer.com/uploads/tx_wcresearch/110527_WiF_dt.pdf.

28 Zwar kaufte die Fed diese Anleihen nicht direkt von der Regierung, sondern von Anlegern, die diese Papiere zuvor erworben hatten. Der Effekt jedoch war letztlich der gleiche.

von über 200 Milliarden aufgekauft. Zudem beschloss sie Anfang 2015, bis September 2016 Anleihen über insgesamt 1.140 Milliarden Euro zu erwerben, um eine Deflation abzuwenden.

Eine Regierung hat also viele Wege, ihre Zahlungsfähigkeit zu sichern.[29] Man könnte also sagen: Eine Staatspleite naht,

- wenn eine Regierung sehr hohe Schulden hat,
- wenn sie immer neue Schulden aufnehmen muss, um ihre Ausgaben zu finanzieren und ihre Alt-Schulden zu bedienen,
- wenn sie diese neuen Kredite nur zu hohen Zinsen erhält, sodass die Schuldenquote des Landes immer schneller steigt und prozentual immer mehr Staatsausgaben in den Schuldendienst fließen.

Insolvenz von Staaten ist damit abhängig von der Einschätzung der Geldgeber, der Finanzmärkte. Sie sind die Richter, sie bestimmen die Höhe der Zinsen für Kredite (vgl. Punkt 8). Verlieren die Finanzmärkte das Vertrauen in die Zahlungsfähigkeit eines Landes, steigen die Zinsen, was zu

29 Dies gilt für große Industrieländer. Entwicklungsländer, die sich in ausländischer Währung verschulden, haben weniger Freiräume. Muss ein Entwicklungsland Schulden beispielsweise in US-Dollar bedienen, kann es diese natürlich nicht einfach drucken.

einer Schuldenkrise führen kann. So zum Beispiel in Griechenland ab 2010.

Anders als ein Unternehmen kann ein Staat im Falle einer Pleite aber nicht vom Erdboden verschwinden.[30] Insolvenz bedeutet daher, dass eine Regierung mit ihren Gläubigern eine Erleichterung der Schuldenlast verhandelt: Schulden werden verlängert, gestrichen oder die Zinsen gesenkt. Stimmen die Gläubiger – zumeist Banken – dem zu, so sinkt der Schuldenstand und das Land ist wieder zahlungsfähig. Von einem derartigen Schuldenerlass profitierte auch Deutschland: 1953 wurden ihm die im Ausland aufgelaufenen Vorkriegsschulden zur Hälfte erlassen. Vorangegangen war zudem die Einführung einer neuen Währung, weshalb Schäuble seiner Aussage, dass Deutschland hoffentlich nie seine Schulden zurückzahle, unmittelbar hinzufügte: »Denn Schulden verschwinden nur nach einer Währungsreform.«[31]

Man sieht: Eine Schuld ist ein Vertrag zwischen zwei oder mehreren Parteien. Und Verträge können verändert oder annulliert werden. Oder es wird auf

30 Ausnahmen bestätigen die Regel: Als Neufundland in den 1930er Jahren überschuldet war, lösten sich Parlament und Regierung auf und der unabhängige Staat Neufundland wurde zu einer Provinz Kanadas.
31 focus.de, 27.10.2013.

ihre Einhaltung bestanden. Die Pleite eines Staates ist somit eine politische Entscheidung: Sie tritt ein, wenn die Regierung eines überschuldeten Landes feststellt, dass die Schulden zu hoch sind und sie sie nicht weiterhin tragen kann oder will.[32] Und die Regierungen des Auslands verweigern dem Land Unterstützung in Form billiger Kredite oder eines Schuldenerlasses. Während Griechenland daher im Frühjahr 2015 abermals vor der Pleite stand, sind Länder wie Deutschland oder die Vereinigten Staaten weit davon entfernt.

32 Ein Staat kann die Bedienung der Schulden auch einfach verweigern. Als die USA zum Beispiel nach dem Spanisch-Amerikanischen Krieg 1898 Kuba besetzten, erkannten sie die Schulden der spanischen Vorgängerregierung schlicht nicht an. Da die USA sehr mächtig waren, konnte Spanien die Bedienung der Schulden nicht durchsetzen. Man sieht: Schulden sind ein Rechtsverhältnis – es gilt das Recht des Stärkeren.

8. »Die Finanzmärkte zähmen die Politik«

Gerade marktliberale Denker sind froh, dass es die Finanzmärkte gibt. Denn diese Märkte leihen den Staaten Geld und prüfen permanent, ob ein Staat solide haushaltet, also ihr Vertrauen verdient. Je solider ein Staat finanziell eingeschätzt wird, desto weniger Zinsen verlangen die Märkte für ihre Kredite. Macht ein Staat viele Schulden, so steigt der Zins, macht die Schuldenbedienung immer schwerer und neue Kredite immer teurer. So wie im Falle Griechenlands, Irlands und Portugals in den Jahren 2010/11, wo die Zinsen so hoch stiegen, dass diese Länder neue Kredite nicht mehr bezahlen konnten und daher vor der Pleite standen. Dies ist die »Zinskeule des Finanzmarktes«, lobte die *Frankfurter Allgemeine Zeitung*. »Nur diese eine Sprache versteht die Politik wirklich, nur diese zwingt sie zur Reaktion« (FAZ, 16.8.2011), das heißt zum Schuldenabbau. Und Jens Weidmann, Präsident der Deutschen Bundesbank, sieht in den steigenden Zinsen »einen Antrieb für Politiker, ihre Hausaufgaben zu machen und durch Reformen das Vertrauen der Finanzmärkte wiederzugewinnen« (Reuters, 18.4.2012).

Was ist dran?

An den Finanzmärkten, also bei Banken, Investmentfonds, Versicherungen, sammelt sich das Geld der Welt – das Geld der Reichen und das Geld der »kleinen Leute«, die zum Beispiel über Lebens- und Rentenversicherungen für das Alter sparen. Im eigenen oder im Auftrag ihrer Kunden legen die Finanzinstitute das Geld an. Kurz: Sie wollen es vermehren. Unter anderem, indem sie Staatsanleihen kaufen, also Schuldscheine von Staaten, auf die sie einen Zins kassieren. Staatsanleihen sind bei Anlegern beliebt, da sie als sicher gelten. Schließlich ist der Staat ein verlässlicher Schuldner, da er – im Gegensatz zu Unternehmen oder Privathaushalten – Geld einfach per Beschluss bei seiner Bevölkerung eintreiben kann.

Die Finanzinstitute kaufen Staatsanleihen – und können sie auch sofort wieder verkaufen. Nämlich an der Börse. Das ist ihnen erlaubt. Staatsanleihen werden permanent gehandelt. Sie haben einen Preis, der sich laufend ändert. Staatsanleihen sind also Spekulationsobjekte. Anleger prüfen die Einnahmen eines Staates, seine Ausgaben, seine Schulden, sein Wirtschaftswachstum, seine Politik, seine Lohnentwicklung etc., sie prüfen also, ob ein Staat für sie eine lohnende Geldanlage darstellt.

Eine Orientierung geben ihnen dabei die Ratingagenturen. Aufgabe dieser Agenturen ist die Bewertung von Schuldnern, Unternehmen wie Staaten, nach ihrer Kreditwürdigkeit. Am Ende jeder Prüfung erhält der Schuldner eine Note. Diese Benotung wird nicht nur von den Finanzakteuren anerkannt, sondern auch von staatlichen Institutionen. Die staatliche Politik selbst hat den Ratings dieses Gewicht verliehen, indem sie 1988 im Rahmen des Abkommens »Basel I« die Ratingagenturen als Teil der politischen Regulation der Finanzmärkte anerkannte. Der Basler Ausschuss für Bankenaufsicht, dem die Bankenaufsichten und Zentralbanken der G-10-Staaten angehören und nach dem das Abkommen benannt ist, beschloss, dass nur Wertpapiere mit Rating-Bestnoten als Eigenkapital zählen (Vermögen nach Abzug aller Schulden). Das Eigenkapital wiederum bestimmt den Umfang an Kredit, den eine Bank vergeben darf. Nach dem Zusammenbruch der Herstatt Bank im Jahre 1974 wurden Ratings als Instrument eingesetzt, um systemgefährdende Bankenpleiten zu verhindern, indem deren Eigenkapital bewertet wurde. Hat eine Bank zu viele der von den Ratingagenturen als minderwertig klassifizierten Papiere in ihrer Bilanz, muss sie nun ihr Eigenkapital aufbessern. 1999 wurden mit

»Basel II« die Ratings dieser wohlgemerkt privaten Agenturen zum globalen Standard, und 2007 machte sich auch die Europäische Zentralbank (EZB) in ihrer Geldpolitik von »den großen Drei« abhängig.[33] Stuft eine Ratingagentur Staatsanleihen herab, gilt dies als Indikator dafür, dass der Staat nicht mehr kreditwürdig ist.[34] Für Banken und institutionelle Anleger ist ein sogenannter Downgrade quasi eine Verkaufsempfehlung. Kann ein Staat die Schulden nicht mehr bedienen, bekommt er die Note D: default. Insofern kann man sagen, die Finanzmärkte kontrollieren die Politik, was den ehemaligen Außenminister Joseph Fischer zu der Aussage bewog: »Gegen die Finanzmärkte kann man keine Politik machen« (*Badische Zeitung*, 3.9.2009). Kein Wunder, dass manche Politiker nach 2010, als Griechenlands Kreditwürdigkeit, nach dem Bekanntwerden falscher Haushaltszahlen, ständig herabgestuft wur-

33 Eine Verantwortung, die Ratingagenturen auch gar nicht unbedingt haben wollen: »Die Ratingagenturen sollen bei der Regulierung der Banken weniger Gewicht erhalten. Wir wollten gar keine so große Rolle spielen«, sagte Jens Schmidt-Bürgel, Deutschland-Geschäftsführer von Fitch gegenüber der *Süddeutschen Zeitung* (http://www.sueddeutsche.de/wirtschaft/neue-plaene-in-frankfurt-eine-ratingagentur-fuer-europa-1.1112252-2).

34 Dabei spielt vieles eine Rolle. So stufte die Ratingagentur Standard & Poor's im August 2011 die Kreditwürdigkeit Venezuelas herunter, unter anderem weil die Krebserkrankung von Staatspräsident Hugo Chávez die Regierungspolitik unberechenbarer mache.

de, oft über die Ratingagenturen schimpften. Andere wiederum begrüßen die Entwicklung: Die Finanzmärkte disziplinieren die Politik.

Doch sind Finanzmärkte kein einzelner, handelnder Akteur zur Bewertung der Solidität von Staaten. Vielmehr sind die Finanzmärkte die Gesamtheit der Geldanleger, die alle möglichst viel an ihren Kapitalanlagen verdienen wollen. Daher regieren an den Märkten Herdentrieb und Spekulation.[35] Ein Beispiel: Im Herbst 2009 kamen Zweifel – erst einmal nur Zweifel! – an der Zahlungsfähigkeit Griechenlands auf. Daraufhin stießen einige Anleger ihre Griechenland-Papiere ab, weil sie fürchteten, dass die Anleihen an Wert verlieren würden. Allein diese Furcht vor Verlusten drückte die Preise der Anleihen also weiter. Das war das Signal für weitere Anleger, ihre Griechenland-Anleihen abzustoßen, was den Wert dieser Papiere noch stärker drückte – ein klassischer Herdentrieb.

Dieser Wertverlust der Anleihen hat wiederum Auswirkungen auf die Finanzen des Staates. Wie

35 »Spekulation« bedeutet an dieser Stelle, dass sich Käufe und Verkäufe an den Finanzmärkten auf der erwarteten Wertentwicklung von Finanzanlagen gründen. Also: Ein Wertpapier wird gekauft, wenn ein Anstieg seines Preises erwartet wird. Handeln viele Finanzmarktakteure so, dann führt die wachsende Nachfrage nach diesem Wertpapier zu einem Kursanstieg – der Kurs steigt, weil sein Anstieg erwartet wird.

das? Ein stark vereinfachtes Beispiel: Der Staat leiht sich eine Million Euro, gibt also eine Anleihe aus. Auf diese Anleihe zahlt er einen festen Zins, sagen wir fünf Prozent. Der Anleger leiht dem Staat also eine Million und kassiert dafür 50.000 Euro an Zinsen (fünf Prozent auf eine Million Euro). Fällt der Preis der Anleihe an den Finanzmärkten um 20 Prozent, so kann ein Anleger sie an der Börse für nur noch 800.000 Euro kaufen. Damit ist die Rendite der Anleihe gestiegen, da der Staat ja weiter 50.000 Euro Zinsen zahlt. Die neue Rendite beträgt 6,25 Prozent (50.000 Euro auf ein Kapital von 800.000). Will die Regierung nun eine neue Anleihe verkaufen, orientiert sich der Zins an der Rendite der alten Anleihe. Der Staat muss den Anlegern also nicht mehr fünf Prozent, sondern 6,25 Prozent bieten (siehe ausführlicher auch Glossar). Als Anfang 2010 griechische Anleihen abstürzten, schoss damit ihre Rendite in die Höhe und neue Kredite wurden für Athen sehr teuer.[36]

Dies wiederum wurde an den Märkten als Zeichen interpretiert, dass Griechenland Probleme mit der Rückzahlung bekommen könnte. Folge:

36 Zu den Gründen für den Absturz siehe Stephan Kaufmann: »Die Halbstarken von Athen«. Fünf Jahre Euro-Krise – Irrtümer, Interessen und Profiteure, Materialien Nr. 7, Rosa-Luxemburg-Stiftung 2015, S. 29f.

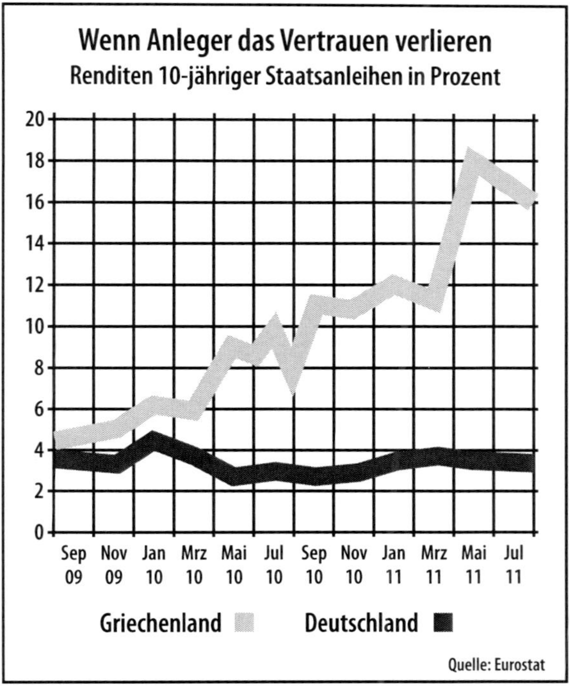

Die Anleihen sanken weiter, die Rendite stieg. Ein Teufelskreis, bei dem die Finanzmärkte nicht die Kreditwürdigkeit des Staates neutral bewerteten, sondern diese Bewertung vielmehr die Kreditwürdigkeit beschädigte. Die Anleger erwarteten Finanzprobleme Griechenlands, ließen die Anleihen fallen und führten so die Krise herbei. Gleichzeitig wurden andere Länder »angesteckt«: Um erwartete Verluste zu vermeiden, warfen Anleger Anleihen von Portugal und Irland auf den Markt – mit den gleichen Folgen. Insofern stimmt es: Staaten hängen bei ihrer Finanzierung vom Urteil der Finanzmärkte ab. Es stimmt aber nicht, dass die Märkte die Politik wie ein Raubtier »zähmen« – dass also den »wilden« Staaten »vernünftige« Anleger gegenüberstehen.[37] Denn erstens sind Finanzmärkte nicht vernünftig, in diesem Zirkus regieren Herdentrieb und sich selbst erfüllende Prophezeiungen. Und zweitens: Selbst in normalen Zeiten bewerten Investoren die Staaten der Welt anhand eines schlichten Maßstabs: möglichst sichere und hohe Rendite. Sie behandeln Menschen, Betriebe, Länder und ganze Kontinente wie eine Maschine zur permanenten Geldvermehrung und unterwerfen sie diesem Maßstab. Das ist zwar in der Logik der Profitmaximierung rational, aber was soll daran vernünftig sein?

37 Was der Spiegel aber glaubt: »Die ominösen Finanzmärkte sind weder gut noch böse, sie agieren nur vernünftig« (Spiegel 32/2011).

9. »Soll man die Schulden doch einfach streichen!«

Wenn die Schulden so ein Problem sind für die Wirtschaft vieler Staaten, für die Weltwirtschaft und für Hunderte von Millionen Menschen, dann liegt die Frage nahe: Warum streicht man nicht einfach diese Schulden? Dann wäre das Problem gelöst!

Was ist dran?

So einfach ist das mit dem Schuldenstreichen nicht. Und zwar aus drei Gründen:

Erstens: Die Schulden, die den Staat so drücken, sind an anderer Stelle Vermögen. Für die Gläubiger (Banken, Fonds, Versicherungen) sind die Staatsanleihen Kapital – Geldkapital, also eine Geldsumme, die einen Ertrag abwirft. Entlastet man die Staaten durch Schuldenstreichung, dann entwerten sich diese Vermögen. So kann eine Bank schnell bankrottgehen. Mächtige Interessen stehen also einem Schuldenschnitt entgegen – die Interessen der Vermögenden.

Zweitens besteht die Gefahr eines Dominoeffekts, so wie im Falle Griechenlands im Jahr 2011.[38] Da beschloss die Europäische Union, Athen einen Teil der Schulden zu erlassen beziehungsweise die

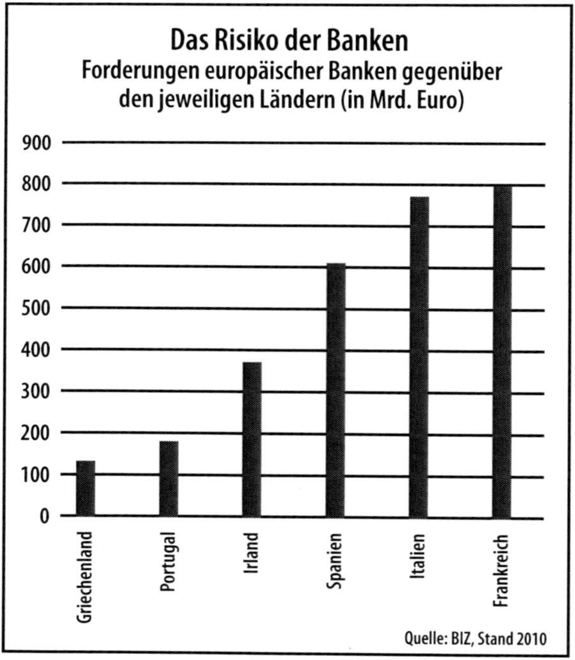

Schulden zu strecken. Dies bedeutete Verluste für die Gläubiger, also Banken, Fonds, Versicherungen.

38 Dies geschieht übrigens auch, wenn bloß die Zinsen für Anleihen zwecks Schuldenerleichterung gesenkt werden. Denn der Wert einer Anleihe bemisst sich nach ihrem Ertrag, also nach der Rendite, die sie abwirft. Sinkt sie, so sinkt der Wert der gesamten Anleihe.

Viele dieser Gläubiger fürchteten nun, dass auch Portugal oder Irland Schulden erlassen werden könnten. Infolgedessen verkauften sie ihre Portugal- und Irland-Anleihen, was die Situation dieser Länder verschärfte (vgl. Punkt 8). Auch auf diese Weise kann eine Finanzmarktkrise entstehen.

Drittens: Verweigert ein Staat die Bedienung seiner Schulden oder streicht er sie, so kann er sich sicher sein, dass die Geldgeber sich dies merken. Seine Kreditwürdigkeit wäre dahin, zumindest eine Zeit lang. Und jeder Staat weiß: Bald braucht er neue Kredite. Mit einer Schuldenstreichung aber schreckt er Investoren ab und gefährdet so die Finanzierung seiner eigenen Politik.

In Ausnahmefällen stimmen die Gläubiger einer Schuldenstreichung, also einer Reduktion ihrer Forderungen zu – so wie im Falle Griechenlands 2011.[39] Nämlich dann, wenn sie davon ausgehen, dass ein Staat so hoch verschuldet ist, dass er seine gesamten aufgelaufenen Schulden nicht mehr bedienen kann. Die Streichung eines Teils der Schuld soll den Staat dann in die Lage versetzen, die Restschuld zuverlässig zu bedienen. Die Schuldenstreichung dient dann nicht einfach dazu, den Schuldner zu entlasten.

39 Zum griechischen Schuldenerlass siehe: »Die Halbstarken von Athen«, S. 32 ff.

Vielmehr soll diese Entlastung die verbliebenen Forderungen der Gläubiger retten. Schuldenstreichungen funktionieren daher nur mit der Zustimmung und zum Wohle der Gläubiger. Dementsprechend selten und geringfügig sind sie.

10. »Wir brauchen strengere Regeln«

Im Jahr 2009 nahm die Bundesregierung eine Schuldenbremse in die Verfassung auf. Sie soll die Staatsverschuldung begrenzen und die Reduzierung der Verschuldung ab 2011 verbindlich regeln. Die Neuverschuldung darf 0,35 Prozent des BIP nicht übersteigen. Die Bundesländer dürfen gar keinen neuen Kredit aufnehmen. Bei Naturkatastrophen oder einer Rezession gelten Ausnahmen. Auf Bestreben von Angela Merkel und Frankreichs ehemaligem Staatspräsidenten Nicolas Sarkozy wurde 2011 im Rahmen des europäischen Fiskalpakts für andere europäische Länder eine ähnliche Schuldenbremse beschlossen. Deutschland setzte durch, dass nur diejenigen Länder Finanzhilfen aus dem Rettungsschirm ESM bekommen, die unter anderem die im Pakt vorgesehene Schuldenbegrenzung in nationales Recht umsetzen. Dem liegt die Vorstellung zugrunde: Wenn die Politik nicht sparsam haushalten will, dann muss sie eben per Gesetz dazu gezwungen werden.

Was ist dran?

Auffällig ist: Es gibt bereits verschiedene Regeln, die die Ausgaben der Regierung begrenzen. Zum Beispiel den Euro-Stabilitätspakt. Er legt fest, dass ein Euro-Land nur eine Neuverschuldung von maximal drei Prozent des BIP haben darf und eine Schuldenquote von maximal 60 Prozent des BIP. Viele Länder haben jedoch häufig gegen diese Regel verstoßen – insbesondere Deutschland.[40] Es gab also jede Menge Regeln und Instrumente, die die Ausgaben einer Regierung begrenzen sollten. Warum garantieren derartige Regeln keine sinkenden Staatsschulden? Und warum werden auch neue Gesetze oder Verbote daran wenig ändern? Der Grund dafür ist einfach: »Stabilität« der Staatsfinanzen lässt sich nicht verordnen. Wirtschaftliche Dynamik verläuft nicht nach Vorschrift, und Krisen machen mit den Wirtschaftsministerien keinen Termin aus. Sicher, über Regeln können Staatsausgaben einfach begrenzt (oder Einnahmen erhöht) werden. Nur wirkt dies unter Umständen schädlich, wenn zum Beispiel die Konjunktur einbricht. Dann muss der Staat Kredite aufnehmen und Geld ausgeben, um Schlimmeres zu verhindern. Unterlässt er dies, um die Schuldenregel nicht zu brechen, so kann sich die Krise vertiefen. Dadurch wiederum sinkt die Wirtschaftsleistung, und die Verschuldungssituation – gemessen durch

40 Anders als Länder wie Italien oder Spanien, die heute als Krisenländer gelten.

die Schuldenquote – verschärft sich, gerade weil der Staat sich so strikt an diese Regel hält.[41]

Deshalb werden die Regeln auf europäischer Ebene, ist genügend politischer Druck vorhanden, ebenso regelmäßig modifiziert: Frankreich setzte etwa 1997 durch, dass der mit der Einführung des Euro von Deutschland geforderte Stabilitätspakt nur als Stabilitäts- und Wachstumspakt realisiert wurde. Auch dem Fiskalpakt wurde 2012 auf Druck von anderen Ländern eine Wachstumskomponente zur Seite gestellt. Gleichzeitig ist so gut wie sicher, dass auch diese Regel gebrochen werden wird. Eine Schuldenbegrenzungsregel mag also nicht besonders sinnvoll sein. Allerdings macht sie es einer Regierung leicht, Ausgabensenkungen oder Steuererhöhungen politisch durchzusetzen. Sie kann einfach auf die Regel verweisen und ihre Politik damit begründen, das Gesetz verlange diese Schritte, ihr seien die Hände gebunden. Ähnlich funktioniert das beim von der Europäischen Union beschlossenen Euro-Plus-Pakt und dem Europäischen Semester,

41 Daher erwarten auch einige Ökonomen, dass Deutschland seine Schuldenbremse irgendwann wieder abschaffen oder aufweichen wird. Zum Beispiel Dennis Snower, Chef des Wirtschaftsforschungsinstituts IfW: »Es ist mir gänzlich unverständlich, warum ein Land wie Deutschland sich einer harten Schuldenbremse unterwirft und dieses Modell auch noch exportieren will« (Berliner Zeitung, 26.8.2011).

die die Mitgliedsstaaten auf mehr Wettbewerbsfähigkeit und auf Schuldensenkung verpflichten. Dabei sieht die Europäische Union in den Lohnstückkosten einen wichtigen Indikator für »Wettbewerbsfähigkeit«. Der Pakt sieht nun vor, dass die Lohnbildung in allen Staaten überprüft wird. Ziel sind moderate Lohnabschlüsse (vor allem im öffentlichen Sektor), steuerliche »Entlastung« des »Faktors Arbeit« und Arbeitsmarktreformen, die die Arbeit »flexibilisieren«, also verbilligen sollen. Durch den Euro-Plus-Pakt wirken diese Lohnsenkungen nicht mehr wie (kritisierbare) politische Beschlüsse, sondern schlicht wie eine (alternativlose) Folge der Rechtslage. Strengere Regeln sind daher eine Form der »autoritären Stabilisierung«: Alternativen werden schlicht ausgeblendet. Und: sie gelten nicht für alle Eurostaaten in gleichem Maße. Während Deutschland im Einvernehmen mit Frankreich (und umgekehrt) schon das eine oder andere Mal ein Defizitverfahren abwenden konnte, wird den Eurostaaten mit weniger politischem und ökonomischem Gewicht schnell ein sogenannter blauer Brief geschickt.

11. Fazit: »Sind Staatsschulden nun gut oder schlecht?«

Schulden gelten einerseits als schlecht. Gleichzeitig aber macht der Staat immer neue. Dieser scheinbare Widerspruch löst sich auf, wenn man Staatsschulden als das betrachtet, was sie sind – ein Instrument, mit dem die Regierung einen bestimmten Zweck erreichen will: Wirtschaftswachstum.

Wenn ein Staat feststellt, dass seine geplanten Ausgaben über seinen geplanten Einnahmen liegen, könnte er schlicht die Steuern erhöhen. Damit aber würde er dem privaten Sektor Mittel entziehen, was unter Umständen nicht erwünscht ist. Daher verlegt sich eine Regierung auf Verschuldung: Sie konfisziert das benötigte Geld nicht von Unternehmen und Privatpersonen, sondern sie leiht es sich, verschafft sich damit zusätzliche Mittel und den Gläubigern einen Anspruch auf Zinseinnahmen. Damit will der Staat den Widerspruch auflösen, dass er einerseits die Wirtschaft fördern will, andererseits aber dieser Wirtschaft immerzu Kosten verursacht.

Mit dem geliehenen Geld finanziert der Staat seine Ausgaben. Vor allem versucht er, die Standortbedingungen zu verbessern und das Wirtschaftswachstum anzukurbeln. Über das »angemessene«

Volumen der Staatsverschuldung, wie viele Schulden es sein dürfen, kann man also nicht mehr sagen als: nicht »zu viele«. Dieses »Zuviel« kennt in der Praxis einen Maßstab: das Wirtschaftswachstum. Ihm sollen Staatsschulden dienen, dieses Wachstum dürfen sie nicht beschädigen. Ein Staat muss sich seine Verschuldung also leisten können. Die Frage, ob Staatsschulden nun gut oder schlecht sind, läuft also auf die Frage hinaus: Wie gut oder schlecht ist kapitalistisches Wirtschaftswachstum?

Dass Staatsschulden das Wirtschaftswachstum erhöhen können, ist keine Streitfrage, sondern Fakt. Dabei ist es egal, ob die Schulden passiv hingenommen (bei Steuerausfällen) oder für »aktive Wirtschaftspolitik« gezielt aufgenommen werden. Vor diesem Hintergrund sind auch die Stimmen einiger Ökonomen und Institutionen (IWF, OECD) zu verstehen, die nach Jahren von wirtschaftlicher Stagnation und drohender Deflation, vor allem in der Euro-Zone, der staatlichen Verschuldung durchaus auch Positives abgewinnen können – wenn es denn dem Aufschwung, dem Wirtschaftswachstum dient.

Ebenso Fakt ist aber, dass es ein Problem ist, wenn den höheren Schulden kein entsprechend höheres Wirtschaftswachstum und keine höheren

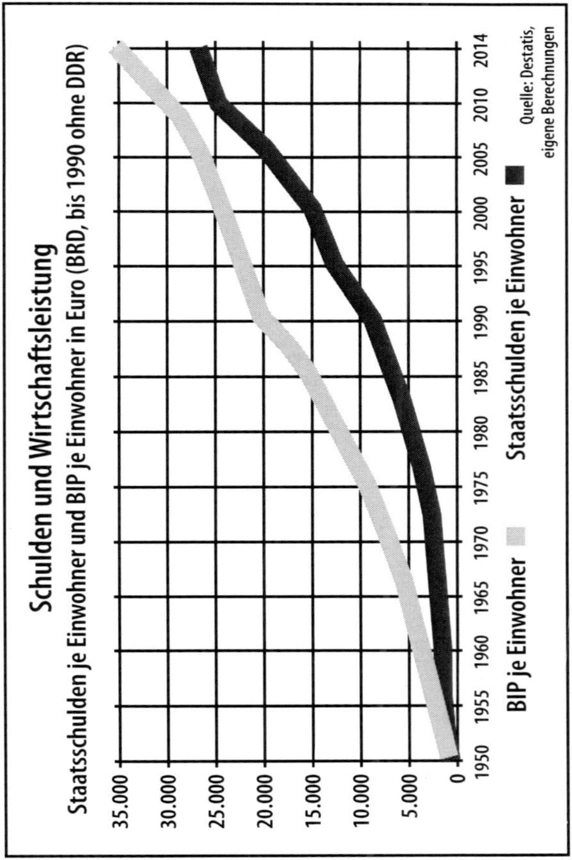
Schulden und Wirtschaftsleistung
Staatsschulden je Einwohner und BIP je Einwohner in Euro (BRD, bis 1990 ohne DDR)
35.000
30.000
25.000
20.000
15.000
10.000
5.000
0
1950
1955
1960
1965
1970
1975
1980
1985
1990
1995
2000
2005
2010
2014
BIP je Einwohner
Staatsschulden je Einwohner
Quelle: Destatis, eigene Berechnungen

Staatseinnahmen gegenüberstehen und darüber immer größere Teile des Staatshaushaltes in die Schuldenbedienung fließen.

Staatsschulden sind also – wie die Schulden von Unternehmen – eine Art vorfinanziertes Wachstum. Über die staatliche Kreditaufnahme spekulieren Regierungen und ihre Geldgeber – die Finanzmärkte – darauf, dass die Schulden mehr Wirtschaftsleistung und mehr Staatseinnahmen generieren. Mit ihrer Verschuldung macht eine Regierung ihre Bevölkerung dafür haftbar, dass diese Rechnung aufgeht. Bebildert wird diese Haftung durch die Zahl »Staatsschulden pro Kopf der Bevölkerung«.

In die Irre führt die Frage, ob Staatsschulden »für uns« oder für »Deutschland« ein Problem sind. Denn die Menschen sind von diesen Schulden sehr unterschiedlich betroffen – je nach ihrer Stellung und Funktion in der Wirtschaft. Für die Gläubiger sind die Staatsschulden Geldkapital, also sich vermehrender Reichtum. Über Zinszahlungen profitieren sie von der Schuldenlast.

Dass diese Rechnung aufgeht, dafür müssen andere einstehen. Dies sieht man besonders deutlich, wenn ein Staat Probleme mit der Schuldenbedienung bekommt und »sparen« will. Dieses »Sparen« trifft logischerweise immer dieselben: die Empfänger von staatlichen Transferleistungen, die Arbeitnehmer, die Konsumenten. Ge- und befördert werden dagegen die »Träger des Wachstums«, also die Unternehmen und die Finanzinstitute. Sie sollen investieren und Kredite vergeben, sie sollen verdienen, sie sollen Arbeitsplätze »schaffen« und so die Wirtschaftsleistung steigern. Dass Mehrwertsteuererhöhungen, Lohn- und Rentensenkungen die Massenkaufkraft mindern, die gesellschaftliche Nachfrage reduzieren und damit das Wachstum schädigen, ist ein Widerspruch bei diesem Programm (vgl. das Beispiel Griechenland in Punkt 6). Mit ihm wird aber klargestellt, an wem »gespart« wird, wenn es heißt: »Wir müssen sparen.«

Ob und wie eine Regierung sparen muss, ist zuweilen aber nicht von ihrer Entscheidung oder vom Verhalten der Finanzakteure abhängig, sondern auch von der Haltung des Auslands. So kann in der EU und in der Eurozone de facto kein Land autonom über sein Finanzgebaren entscheiden – vor allem Deutschland redet bei der Frage mit, ab wann eine Verschuldung zu groß ist und ein Euro-Staat Maßnahmen ergreifen muss. Die Grenzen der Staatsverschuldung sind in der Euro-Zone institutionell geregelt durch den Stabilitäts- und Wachstumspakt, neuerdings auch durch den Fiskalpakt. Die Unterwerfung unter den Stabilitätspakt war eine Bedingung, unter der die Bundesregierung bereit war, die D-Mark gegen den Euro einzutauschen. Die EU-Kommission und die Euroländer haben seitdem ein Auge auf die Finanzpolitik ihrer Europartner, die immer auch Konkurrenten sind. Trotz gleicher Währung waren und sind auch einige Länder gleicher als andere. Während es etwa Frankreich oder Deutschland durchaus mal erlaubt ist, das Defizitziel zu verfehlen, ohne gleiche einen blauen Brief der EU-Kommission zugestellt zu bekommen, war man bei anderen Ländern nicht so großzügig – vor allem nicht in der Krise. Zu spüren bekam dies besonders die griechische Bevölkerung.

Doch die gegenseitige Kontrolle der europäischen Staaten geht weit über die Staatseinnahmen und –ausgaben hinaus. Um die finanzielle Stabilität zu gewährleisten, prüft die EU-Kommission inzwischen regelmäßig eine Vielzahl von ökonomischen Kennzahlen – von der Exportentwicklung über Außenhandelsdefizite, Lohn- und Preisentwicklung in den Ländern. Überschreitet ein Land dauerhaft bestimmte Grenzwerte, kann ihm die EU Vorschriften machen, wie es seine Politik zu ändern hat. Allgemeines Ziel dieser makroökonomischen Überwachung ist die Wettbewerbsfähigkeit der einzelnen Staaten und darüber die Wettbewerbsfähigkeit der EU als Ganzes. Dies soll auch politischen Zwecken dienen: »Vor allem müssen wir [...] die Erhöhung der Wettbewerbsfähigkeit ins Zentrum unserer Bemühungen stellen«, sagte Kanzlerin Angela Merkel in ihrer Regierungserklärung im März 2011, »denn nur ein wettbewerbsstarkes Europa hat Gewicht in der Welt.«[42] Zur Erhöhung dieser Wettbewerbsfähigkeit sind in den vergangenen Jahren eine Vielzahl von »Strukturreformen« in Europa umgesetzt worden, die die Bedingungen für Investitionen verbessern sollen. Hier geht es zum einen um die Liberalisierung bislang regulierter Märkte, um den Abbau von Bürokratie und staatlichen Kontrollen und um die Flexibilisierung der Arbeitsmärkte, sprich: um die Entmachtung der Gewerkschaften zum Zwecke der Senkung der Lohnstückkosten. Man sieht, welch weitreichende Konsequenzen die Kontrolle von Verschuldung und Staatsfinanzen hat.

Angemerkt sei hier noch: Zwar wird ständig darüber geklagt, der Staat gebe zu viel aus – obwohl

42 Regierungserklärung von Bundeskanzlerin Angela Merkel zum Europäischen Rat am 24./25. März 2011 in Brüssel, unter: http://www.bundesregierung.de/ContentArchiv/DE/Archiv17/Regierungserklaerung/2011/2011-03-24-merkel-europaeischer-rat.html

seit der Großen Finanzreform 1969 in Deutschland Kredite ein reguläres Instrument zur Finanzierung von Staatsaufgaben sind –, selten kritisiert wird aber die Einnahmeseite. Dabei gibt es hier zwei kritikwürdige Entwicklungen. Erstens: Es ist ja klar, dass der Staat das Finanzkapital auch besteuern könnte, statt es zu leihen und dafür Zinsen zu zahlen. Doch dies tut er nicht.

Zweitens ist bemerkenswert, von wem der Staat eigentlich Geld einnimmt, um seine Schulden zu bedienen – wer also für die Schulden (Zinsen) bezahlt. Hier ist die Entwicklung eindeutig: Seit 1977 wird die Steuerbelastung in Deutschland – und nicht nur dort – vermehrt von den Lohnabhängigen (die auch zum großen Teil die Mehrwert- und Verbrauchersteuern zahlen) getragen. Die Belastung von Gewinnen und Vermögen hingegen sinkt. Die Steuerquote geht seit Jahrzehnten tendenziell zurück, die Vermögen wachsen, und seit 1997 ist die Vermögensteuer de facto abgeschafft. Man sieht: Steuerpolitik ist wesentlich Umverteilungspolitik. Dieser Trend wird durch die Krise verschärft: Die Politik setzt bei der Sanierung der Staatsfinanzen zunehmend auf die Besteuerung des Verbrauchs, so wurde in allen Euro-Krisenländern die Mehrwertsteuer deutlich erhöht.

Die Lohnabhängigen wiederum, die etwa zwei Drittel des gesamten Steueraufkommens tragen, zahlen also nicht bloß für den Großteil der Staatsverschuldung. Sie sollen sich außerdem in Lohnzurückhaltung üben und müssen gleichzeitig seit Jahren die Folgen der Kürzungen von staatlichen Sozialleistungen hinnehmen.

Somit ist auch die Schuldenfrage eine Verteilungsfrage und nicht zuletzt eine Machtfrage. Das musste selbst die FAZ eingestehen, die die Soziologen Jens Beckert und Wolfgang Streeck zu Wort kommen ließ: »Nachdem die Zuwächse des Sozialprodukts während der vergangenen dreißig Jahre vornehmlich den oberen Bevölkerungsschichten zugutekamen, stellt sich in der Schuldenkrise die Frage, ob und mit welchen Mitteln die Wohlhabenden versuchen werden, ihre Position auch um den Preis einer massiven sozialen und politischen Krise zu verteidigen« (FAZ, 20.8.2011).

Trotz des offiziell ausgerufenen Kreuzzugs gegen die Staatsverschuldung ist sie in den letzten Jahren weiter gestiegen. Dies erkennen die Regierungen und Eliten durchaus als eine Gelegenheit, ihr neoliberales Programm von Deregulierung, Liberalisierung und Senkung der Lohnstückkosten durchzusetzen. Die hohe Verschuldung dient hier als Druckmit-

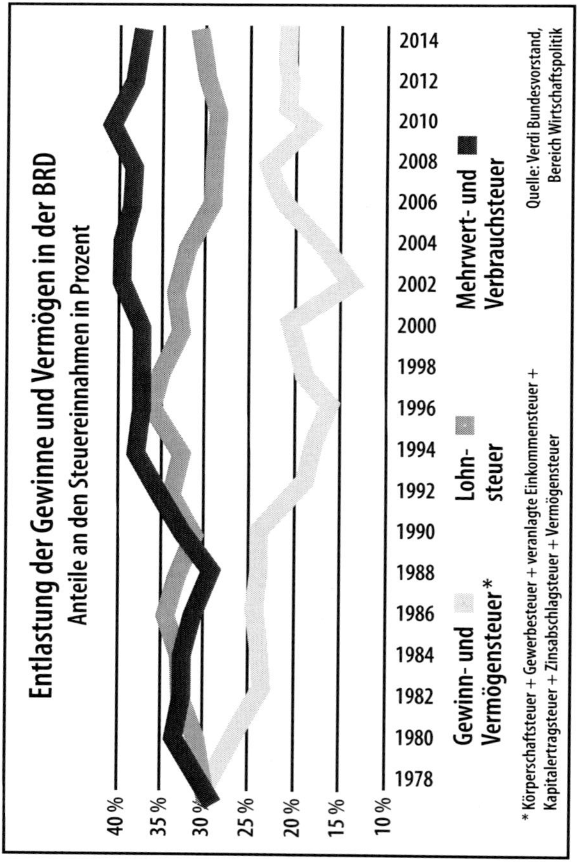

Entlastung der Gewinne und Vermögen in der BRD
Anteile an den Steuereinnahmen in Prozent
40 %
35 %
30 %
25 %
20 %
15 %
10 %
1978
1980
1982
1984
1986
1988
1990
1992
1994
1996
1998
2000
2002
2004
2006
2008
2010
2012
2014
Gewinn- und Vermögensteuer*
Lohn-steuer
Mehrwert- und Verbrauchsteuer
* Körperschaftsteuer + Gewerbesteuer + veranlagte Einkommensteuer + Kapitalertragsteuer + Zinsabschlagsteuer + Vermögensteuer
Quelle: Verdi Bundesvorstand, Bereich Wirtschaftspolitik

tel. Zum Beispiel im Fall Griechenlands: »Für viele Ökonomen (ist) die hohe Verschuldung ein wichtiges Disziplinierungsinstrument zur Durchsetzung struktureller Reformen, die sonst nicht zielstrebig durchgeführt würden.«[43]

Ähnlich argumentierte bereits vor bald 15 Jahren der Sachverständigenrat zur Begutachtung der gesamtwirtschaftlichen Entwicklung: »Am Europäischen Stabilitäts- und Wachstumspakt darf nicht gerüttelt werden. Zwar sind seine Referenzwerte wissenschaftlich nicht begründbar [sic!]; sie haben aber erstaunliche Konsolidierungsbemühungen und Konsolidierungserfolge bewirkt und sollten unbedingt beibehalten werden.« (Jahresgutachten 2001, Ziff. 28)

Die Idee, die Angst vor Schulden politisch zu nutzen, nannte David Stockman, Ronald Reagans ehemaliger Direktor des Office of Management, »strategisches Defizit«. In einem Interview machte er deutlich, dass Reagan nie so recht an die neoliberale Angebotspolitik geglaubt habe, stattdessen habe er einen »schlanken Staat« zum Ziel gehabt.

43 M.M. Warburg: Konjunktur & Strategie, 21.4.2011, http://www.mmwarburggruppe.com/system/galleries/download/research.mmwarburg.com/konjunktur_strategie/eco1711.pdf.

Ähnliches gibt es aus Großbritannien zu berichten, dem zweiten Land, das bei der Durchsetzung neoliberaler Politik eine Vorreiterrolle spielte. Der leitende Wirtschaftsberater von Margaret Thatcher, Alan Budd, gab dem *Observer*[44] Anfang der 1990er Jahre zu Protokoll: »Die Politik der 1980er Jahre, die Inflation durch Druck auf die Wirtschaft und Kürzung der öffentlichen Ausgaben zu bekämpfen, war ein Vorwand, um die Arbeiter abzustrafen. Das Ansteigen der Arbeitslosigkeit war sehr erwünscht, um die Arbeiterklasse zu schwächen. [...] Seitdem konnten die Kapitalisten immer größere Profite machen.« So dient die Furcht vor der Staatsverschuldung als politischer Hebel. Statt ihren Zweck und ihre Verteilungswirkung zu erklären, wird sie dargestellt als eine Gefahr »für uns alle«, die eine Art nationalen Notstand schafft und außergewöhnliche Maßnahmen erfordert. Dieses Bedrohungsszenario nutzt die Politik anschließend, um die Staaten in ein »Paradies der Gläubiger« (Mark Blyth) und Investoren zu verwandeln.

44 Zitiert nach: David Harvey: Marx' ›Kapital‹ lesen. Ein Begleiter für Fortgeschrittene und Einsteiger, Hamburg 2011, S. 318.

Glossar

Die **Börse** ist der Ort, an dem Finanzanlagen wie Aktien (verbriefter Anteil an einem Unternehmen), Staatsanleihen oder Derivate (Näheres siehe unter Punkt Finanzmärkte) gehandelt werden. Die wichtigsten Börsen befinden sich in New York, Chicago, London, Tokio und Frankfurt am Main. Die Börse ist im Wesentlichen gleichbedeutend mit den Finanzmärkten (siehe unten). Hier treffen sich Käufer und Verkäufer von Wertpapieren. Die Geldsumme, zu der eine Anleihe oder Aktie gehandelt wird, ist ihr Preis (bei der Aktie »Kurs«). Anleger kaufen Wertpapiere zumeist, weil sie glauben, sie in Zukunft teurer verkaufen zu können und so einen Gewinn zu machen; und sie verkaufen sie, weil sie einen Wertverlust erwarten. Erwartungen sind hier also entscheidend und werden häufig zu Selbstläufern. Ein Beispiel: Händler A kauft Wertpapier B, weil er denkt, dass sein Wert steigen wird. Erwarten viele Händler, dass das Wertpapier B steigt, so kaufen sie es. Die hohe Nachfrage nach Wertpapier B lässt seinen Kurs steigen – die lediglich erwartete Wertsteigerung wird Realität. Umgekehrt: Erwarten die Händler, dass ein Wertpapier fallen wird, verkaufen sie es und machen die erwarteten Verluste zum Fakt. Aber an der Börse werden nicht nur Erwartungen Realität, die Sache ist noch skurriler. Denn ein Händler wird Wertpapier B nur dann kaufen, wenn er erwartet, dass alle anderen Händler einen Wertanstieg erwarten. Denn nur dann wird der Kurs des Papiers auch steigen. Die Erwartungen der Investoren richten sich also stets auf die Erwartungen aller anderen Investoren. Die Börse agiert zirkulär. Der Ökonom John Maynard Keynes (1883–1946) verglich den Wertpapierhandel daher mit einem Schönheitswettbewerb, bei dem jeder nicht den Kandidaten wählt, den er am schönsten findet, sondern den, von dem er glaubt, dass alle anderen ihn am schönsten finden.

Das **Bruttoinlandsprodukt** (BIP) ist die Summe der Waren und Dienstleitungen, die innerhalb eines Landes und Jahres produziert wurden. Das BIP gilt als die wichtigste Kennziffer für Wirtschaftsleistung und -wachstum. Zum Weiterlesen: Philipp Lepenies: *Die Macht der einen Zahl. Eine politische Geschichte des Bruttoinlandsprodukts*, Berlin 2013.

Als **Deflation** bezeichnet man das allgemeine Sinken des Preisniveaus, das Gegenteil von Inflation. Während einer Inflation mit hohen Zinsen entgegengesteuert werden kann, sind der Zentralbank bei einer Deflation fast die Hände gebunden. Sie müsste einen negativen Leitzins einführen, der jedoch dazu führen könnte, dass Vermögen von Banken abgezogen werden. Diese Geldhortung verstärkt den negativen Effekt, den die Deflation auf das Wirtschaftswachstum hat, weil Kaufentscheidungen hinausgezögert werden – Investitionen und Konsumausgaben sind ja ein paar Wochen später billiger. Deflation hat jedoch einen weiteren, viel wichtigeren zerstörerischen Effekt: Die Kosten für bereits abgeschlossene Kredite wachsen, weil der Nominalzins gleich bleibt, der Realzins aber aufgrund des veränderten Preisniveaus steigt und droht, die Schuldner in den Ruin zu treiben.

Als **Finanzmärkte** bezeichnet man diejenigen Märkte, auf denen »Finanzprodukte« gehandelt werden. Der Begriff kam erst in den 1970er Jahren auf und umfasst meist den Kapitalmarkt (für Wertpapiere wie Aktien und Anleihen), den Geldmarkt (kurzfristige Geldgeschäfte zwischen Banken und mit der Zentralbank) und den Devisenmarkt für Währungsgeschäfte. Hinzugezählt wird auch der Derivatenmarkt, auf dem »abgeleitete« Wertpapiere gehandelt werden. »Abgeleitet« deswegen, weil mit Derivaten auf die Wertentwicklung von anderen

Wertpapieren wie Aktien, Anleihen, Zinsen oder Rohstoffe gewettet werden kann. Akteure an den Finanzmärkten sind vor allem Banken, Investmentfonds, Pensionsfonds, (Lebens-)Versicherungen und vermögende Einzelanleger. Umgangssprachlich wird der Finanzmarkt häufig gleichgesetzt mit seinen Akteuren, zum Beispiel wenn es heißt: »Finanzmärkte verlieren das Vertrauen in Griechenland.«

Als **Investitionen** bezeichnet man die Anschaffung von Sachkapital, wie beispielsweise Maschinen oder Gebäude, mittels Geld mit dem Ziel, Waren zu produzieren oder Dienstleistungen anzubieten. Nicht als Investition gilt der Konsum von Privathaushalten. Als Kapital fungiert das verausgabte Geld jedoch nur, wenn der Zweck der Verwertung des vorgeschossenen Geldes, also der Gewinn bzw. Profit, erreicht wird. Der Staat investiert nicht mit dem Ziel, Profit zu machen. Seine Investitionen sollen einen bestimmten Gebrauchswert zur Verfügung stellen (Schulen, Straßen etc.). Staatliche Investitionen sollen aber die Verwertungsbedingungen des Kapitals verbessern.

Ratingagenturen sind Privatunternehmen. Sie bewerten regelmäßig die Kreditwürdigkeit von Staaten,

Gemeinden und Unternehmen. Für diese Kreditwürdigkeit geben sie Noten: das Rating. An diesen Noten orientieren sich die Finanzanleger: Eine gute Note bedeutet hohe Kreditwürdigkeit, also mehr Sicherheit für den Anleger. Unternehmen und Staaten mit guten Ratings müssen den Gläubigern daher geringere Zinsen zahlen als Schuldner mit schlechten Ratings. Sinkt das Rating, so steigt der Zins. Das Urteil der drei großen Ratingagenturen Standard & Poor's, Moody's und Fitch ist also von großer Bedeutung für Regierungen. Zum Weiterlesen: Ingo Stützle: *Downgrade. Macht und Ohnmacht der Ratingagenturen*, Standpunkte der Rosa-Luxemburg-Stiftung 26/2011.

Rendite bringt den prozentualen Gewinn auf eine Geldanlage zum Ausdruck und bezieht sich meist auf den Zeitraum eines Jahres. Beispiel: Kauft der Anleger ein Wertpapier für 100 Euro, das ihm fünf Euro Ertrag bringt, so beträgt die Rendite fünf Prozent. Der Zins ist die bekannteste Renditekennzahl. Der Zins ist der Preis, den ein Kreditnehmer dafür zahlt, dass ihm Geld geliehen wird.

Die **Schuldenstandsquote** oder **Schuldenquote** benennt, wie hoch die Gesamtverschuldung des Staates im

Verhältnis zur Wirtschaftsleistung ist. So lag Deutschlands Gesamtverschuldung 2014 etwa bei 2.155 Milliarden Euro. Dies entsprach 75 des Bruttoinlandsprodukts (BIP). Demgegenüber drückt das Haushaltsdefizit die Neuverschuldung in einem Jahr im Verhältnis zum BIP aus. Der deutsche Staatshaushalt ist allerdings seit 2012 in etwa ausgeglichen, die Einnahmen entsprechen den Ausgaben – das Haushaltsdefizit liegt daher bei Null.

Eine **Staatsanleihe** ist ein festverzinsliches Wertpapier und die wichtigste Form, wie sich Staaten auf den Finanzmärkten Kredit nehmen. Für die Bundesrepublik Deutschland gibt die Deutsche Finanzagentur die Anleihen aus. Die Agentur ist in Bundesbesitz und führt das Schuldenmanagement durch. Eine Anleihe hat einen Nennwert. Zu diesem Wert wird sie erstmalig ausgegeben, und auf diesen Wert bezieht sich auch der festgelegte Zinssatz. Für einen Kredit von einer Million Euro vergibt die Finanzagentur beispielsweise zehn Anleihen zu einem Nennwert von 100.000 Euro. Weil die Bundesrepublik als sicherer Schuldner gilt, muss sie wenig Zinsen bezahlen – sagen wir 2 Prozent). Die Laufzeit einer Staatsanleihe beträgt 10 bis 30 Jahre. Während dieser Laufzeit bekommen die Besitzer der Anleihe jährlich Zinsen, zwei Prozent auf 100.000 Euro, d.h. 2.000 Euro. Nach Beendigung der Laufzeit wird die aufgenommene Summe zurückbezahlt – für die Rückzahlung werden meist neue Kredite aufgenommen (roll over). Anleihen werden während der Laufzeit auch gehandelt, d.h. an der Börse ge- und verkauft. Jedoch nicht unbedingt zum Nennwert, sondern zum aktuellen Marktpreis. Ein vereinfachtes Beispiel: Sinkt die Kreditwürdigkeit Deutschlands und muss es für einen neu aufgenommenen Kredit höhere Zinsen zahlen, dann werden die alten Anleihen nur gekauft, wenn sie eine gleich hohe Rendite abwerfen. Anleger wären ja sonst schön blöd, die weniger rentablen Anleihen zu kaufen. Was bedeutet das? Verdoppelt sich für eine neu ausgegebene Anleihe von 100.000 Euro der Zinssatz von zwei Prozent auf vier Prozent, so bekommt der Besitzer der Anleihe jährlich 4.000 Euro. Das ist das Doppelte der alten Anleihe, trotz gleichem Nennwert. Die alte Anleihe kann deshalb an der Börse nicht mehr für 100.000 Euro verkauft werden, niemand würde sie kaufen. Ist der gegenwärtige Marktzins vier Prozent, fragen sich die Händler, wie viel eine Anleihe wert ist, die bei vier Prozent Zinsen 2.000 Euro abwerfen würde (Das sind die Konditionen der alten Anleihe). Ergebnis: Eine Anleihe mit einem Wert von 50.000 Euro würde bei einem Zinssatz von vier Prozent diese Rendite abwerfen. Das bedeutet: Obwohl die alte Anleihe einen Nennwert von 100.000 hat, kann sie nur für 50.000 Euro weiterverkauft werden. Damit wäre sie mit der neuen Anleihe gleich rentabel. Dieser Mechanismus greift auch dann, wenn die Anleger eine Zinserhöhung nur erwarten und deshalb nicht bereit sind, für Anleihen den vollen Nennwert zu bezahlen. Das passiert, wenn Zeitungen titeln: »Renditen griechischer Staatsanleihen ziehen kräftig an.« Umgekehrt wird das Sinken des Kurswerts einer Anleihe selbst als Hinweis darauf gedeutet, dass die Zinsen steigen müssen, der Gläubiger keine gute Bonität (Kreditwürdigkeit) mehr vorweist. Im realen Handel mit Anleihen werden noch andere Faktoren berücksichtigt – etwa die Laufzeit.

Der **Staatshaushalt** ist das Budget, mit dem die »öffentliche Hand« ihre Aufgaben finanziell organisiert. Er umfasst die Einnahmen und Ausgaben, ist aber keine Bilanz, keine »Erfolgsrechnung« im betriebswirtschaftlichen Sinne. Vielmehr legt der Staat erst fest, welche Leistungen finanziert werden müssen und sollen. Bei der Erstellung des Haushaltsplans wird somit zunächst ein »Soll« festgestellt, das es zu finanzieren gilt. Dem werden die Einnahmen gegenübergestellt. Liegen die Ausgaben über den Einnahmen, so muss der Staat dies über Kredite finanzieren. Er macht ein Haushaltsdefizit. Dieses Haushaltsdefizit entspricht der Neuverschuldung.

Die **Zinslastquote** drückt den Anteil der Zinszahlungen im Verhältnis zu allen staatlichen Gesamtausgaben oder im Verhältnis zur Wirtschaftsleistung aus. So betrugen die Zinszahlungen des deutschen Staates 2010 etwa 2,7 Prozent des BIP (Zinszahlungen von 65 Milliarden Euro geteilt durch das BIP in Höhe von 2.400 Milliarden Euro.) Die Zinslastquote stellt am ehesten das dar, was gerne als die »Einschränkung der Handlungsfreiheit des Staates« bezeichnet wird. Denn sie gibt an, welche Summe eine Regierung an die Gläubiger zahlen muss, welche Summe ihr also nicht mehr für andere Ausgaben zur Verfügung steht. Die Zinssteuerquote gibt dagegen Auskunft darüber, wie hoch der Anteil der Zinszahlungen am staatlichen Steueraufkommen ist.